新入社員・学生のための

入 門

職場の安全衛生

大関 親 著

中央労働災害防止協会

はじめに

　わが国は、20世紀の後半から産業用ロボットなどを活用した生産の効率化、高度化などを背景に驚異的な経済発展をとげて経済大国といわれるようになり、また、コンピュータを用いた情報技術を導入した機械設備などの普及、新たな趣向のレジャー施設の開設などもあり、21世紀には国民の多くが便利で楽しい日常生活を送れるようになってきました。

　しかし、こうした生活の中で凶悪犯罪のほか、頻発する地震、大型台風などによる豪雨、列車事故を含む交通災害、工場・建設現場などでの労働災害、エレベーター・エスカレーター、レジャー施設などでの災害で多くの尊い人命が失われています。

　いうまでもなく、この世に生を受けたすべての人は、それぞれの将来に夢や目的を持ち、豊かで幸せな生涯を送る権利を有していますが、その過程で命を奪われたり傷つけられたりすることはこれに反するものであり、すべての国民は「安全・安心の社会」の実現を求めています。

　そのためには、職業生活、日常生活の中で直面する災害の仕組みとそれを防止するための基本を関係者のすべてが認識し、安全と安心を保障するために努力するとともに、一人ひとりも災害を回避する安全な行動を実践していくことが必要です。

　本書は、新入社員や、これから職業生活に入る学生に向けて、職場で必要な安全衛生の基本知識を中心に取りまとめたものですが、その要点は家庭生活や社会生活において誰もが知っておくべきことでもあり、また、職場の管理者も承知しておくべきことです。

　本書は、平成20年にとりまとめてから好評をいただいてきましたが、法令改正など最新の情報を盛り込み、このほど第4版といたしました。

　本書が、職場の安全衛生入門書として広く活用され、快適・安全で充実した職業生活などを送る一助になれば幸いに思います。

令和元年12月

大関　親

目　次

はじめに

第1章　安全、安心とは

1　事故・災害に関心を持つ 9
2　安全と安心のちがい 10
　(1) 安全とは 10
　(2) 安心とは 12
　(3) 安全度と安心を高める 13
3　事故・災害の影響 14
　(1) 会社への影響 14
　(2) 労働者への影響 16
　(3) 国の対応 18
　演習問題 1 19

第2章　災害の内容と発生のしくみ

1　どのような災害が多いか 20
　(1) 国民の死亡原因は 20
　(2) 労働者の死傷割合は高い 21
　(3) 家庭で多い窒息、溺死 22
　(4) 職場の災害の特徴 22
　　① 製造業、建設業で多い労働災害　23
　　② 多い墜落・転落、転倒、はさまれ・巻き込まれ災害　23
　　③ 腰痛が多い健康障害　23
2　災害はなぜ発生するか 26
　(1) 災害発生のしくみ 26
　(2) 災害は氷山の一角 29

（3）　人の不安全行動は避けにくい ··· *30*
　（4）　絶対安全は困難 ··· *31*
　演習問題２ ··· *33*

第3章　安全衛生管理の役割分担

1　国の役割 ··· *34*
　（1）　情報を提供する ··· *34*
　（2）　指針などを公表する ··· *35*
2　会社の実施事項 ··· *37*
　（1）　変わらぬ安全第一 ··· *38*
　（2）　組織的に対策を推進する ··· *38*
　　① 　安全衛生担当者を配置する　*38*
　　② 　安全衛生委員会で協議する　*39*
　（3）　幅広い健康管理を推進する ··· *42*
　　① 　労働衛生の基本管理を推進する　*43*
　　② 　化学物質対策などを推進する　*44*
　　③ 　生活習慣病予防を推進する　*46*
　　④ 　心身両面の健康づくり　*46*
　　⑤ 　長時間労働を改善する　*46*
　　⑥ 　喫煙対策など環境改善を推進する　*47*
　（4）　継続した安全衛生教育を実施する ··· *49*
　　① 　法定の安全衛生教育　*49*
　　② 　能力向上教育　*52*
　　③ 　労働災害再発防止講習　*52*
　（5）　作業手順書を整備する ··· *53*
　（6）　安全な機械を設置する ··· *54*
　（7）　安全衛生点検を実施する ··· *57*
　（8）　就業形態の変化に対応する ··· *58*
　　① 　請負による作業の管理　*59*
　　② 　派遣労働による作業の管理　*60*
　　③ 　非正規労働者の作業管理　*61*

④　職場の国際化と管理　61
3　労働者の義務··62
　(1)　労働者と安全··62
　(2)　法律と労働者の義務···63
　(3)　職場の危険性、有害性を知る··64
　　　①　職場にある危険性、有害性　64
　　　②　ヒヤリ・ハットは宝の山　65
　(4)　安全装置・保護具を使用する··66
　　　①　安全装置は外さない　66
　　　②　検定合格品を使用する　67
　(5)　社内規程・作業手順を守る···68
　(6)　業務上疾病対策を守る··69
　　　①　有害性を確認する　69
　　　②　局所排気装置・呼吸用保護具を使用する　70
　　　③　必ず健康診断を受ける　71
　(7)　4Sは安全のはじまり··72
　(8)　指差し呼称とKYT···73
　　　①　指差し呼称を行う　74
　　　②　KYTなどを行う　75
　(9)　緊急時の対応を確認する···76
　　　①　連絡体制を確認する　76
　　　②　救急処置を体感する　76
　　　③　二次災害を防ぐ　76

　　演習問題3　演習問題4···77

第4章　日常生活で安全を習慣化する

1　急に安全人間にはなれない···78
　(1)　家庭でも安全衛生を話題にする···78
　(2)　車の安全運転を徹底する···78
　(3)　家庭で安全衛生点検を行う···80

2 研究室・実習室の安全を確認する ……………………………………………………… 80
- ① レイアウトを検討する　*81*
- ② 機械の点検結果を確認する　*82*
- ③ 爆発・火災などを防止する　*83*

3 日常生活で安全行動を ……………………………………………………………………… 84
- ① 出勤などは余裕を持って　*84*
- ② 駅のホームで　*85*
- ③ エスカレーター、エレベーターで　*85*
- ④ レジャーを楽しく　*86*
- ⑤ 熱中症に注意　*86*
- ⑥ 台風後の復旧作業などの安全　*87*

演習問題５ ………………………………………………………………………………… 87

演習問題〈解答〉 ……………………………………………………………………………… 88
付録　職場の安全衛生確保に関する主な法律などの概要 ………………………………… 90
索　　引 ……………………………………………………………………………………… 96
参考資料 ……………………………………………………………………………………… 98

豆知識

事故・災害　*10*	局所排気装置　*44*
リスクの大きさ　*11*	呼吸用保護具　*45*
顧客など　*14*	メンタルヘルスケア　*47*
労災保険　*15*	ストレスチェック　*47*
刑事的な罪　*17*	働き方改革　*48*
安全配慮義務　*17*	免許または技能講習が必要な業務　*50*
安全度の評価　*17*	新規採用者教育の内容　*51*
生活習慣病　*21*	特別教育の対象（例）　*51*
負傷に起因する疾病　*25*	年次検査　*58*
２つの原因を同居させない（例）　*28*	特定自主検査　*58*
４つのＭ法　*29*	月例検査　*59*
リスクアセスメント　*31*	作業開始前点検　*59*
本質的安全設計方策　*32*	安全装置　*66*
許容できる安全　*33*	構造規格が定められている機械（例）*67*
トップダウン型　*35*	一定の安全対策が必要なもの（例）*68*
生産などの管理システム　*36*	特殊健康診断　*71*
安全衛生担当者の選任　*40*	ガスの危険性　*81*
労使協議　*41*	電気の危険性　*81*
安全（衛生）委員会が必要な会社　*41*	実験室などにおける爆発・火災（例）*82*

第1章 安全、安心とは

この章のねらい

「安全・安心」という用語は、多くの分野でキーワード（keyword）として使用されていますが、それぞれに意味が異なっています。その正しい理解と必要な努力について考えます。

また、職場での災害が企業、労働者などに及ぼす影響の大きさを理解します。

1 事故・災害に関心を持つ

わが国は世界の中でも犯罪などが少なく安全な国といわれてきました。しかし、強盗・殺人などの凶悪な犯罪のほか、次のような自然災害、交通災害、職場での災害などで尊い命を失ったり、身体に重い傷害を受ける事例が数多く発生しており、必ずしも安全な国とはいえない状況にあります。そのため、国民は、安全・安心な社会づくり・職場づくりを求めています。

- 東日本大震災をはじめ全国で頻発している震度の大きい地震
- 大型の台風、局地的な集中豪雨、竜巻などの自然災害
- 地震・台風後の広域停電
- 高速道路における多重衝突や逆走による事故、列車の転覆脱線、航空機の事故・トラブル
- 高齢者による運転操作ミスと思われる交通災害
- 原発の原子炉のメルトダウン、地震との関連によるほとんどの原発の運転停止、各種トラブルの隠蔽など
- テーマパークのジェットコースターなどによる災害
- 各種工場の化学物質による爆発火災
- 家庭・職場でのガス瞬間湯沸器や原動機などの排気ガスによる一酸化炭素中毒

第1章●安全、安心とは

　これらの事故・災害[豆知識]は、テレビなどを通じリアルタイムで報道される時代になりましたが、その原因と防止対策が明らかにされる前に新たな事例が発生するため、これらが一過性の他人事のように受け取られ、多くの人の記憶から消えてしまう傾向にもあります。

　しかし、事故・災害は、どこかで誰かが遭遇するものではなく、誰もが巻き込まれるおそれがあるので、一人ひとりが国内外のさまざまな事例に強い関心を持ち、それを教訓にして自らの安全と健康の確保に役立てていくことが必要です。

2　安全と安心のちがい

　「安全」と「安心」という用語は、多くの場合、「安全・安心」というように一体的に使用されていますが、2つの用語の持つ意味はかなり異なっていますので、正しく理解することが大切です。

(1) 安全とは

　「安全」という用語は、学校安全、産業安全、機械安全、交通安全、食品安全、原子力安全、航空機安全、医療安全、環境

豆知識　事故・災害

　「事故」「災害」という用語は、テレビ、新聞報道をはじめ多くの場面で使用されていますが、一般には次のように区別されます。

　「災害」とは、機械設備、環境の不具合、人の不適切な行動などによる結果として、人が死亡したり、ケガをしたり、健康を損ねることをいいます。

　「事故」とは、機械設備、環境などにトラブルや異常な状態が生じても、人に被害が及ぶことはなく、機械設備の破壊・破損、爆発火災による建物の損壊などですんだことをいいます。

　なお、報道などでは、人に被害が及んだ場合を含めて「事故」と称していることもあります。

安全、安全装置、安全衛生教育などのように、数多く広く使用されています。

この「安全」の意味は、国語辞典などによると、「身体（あるいは会社などの組織）に、あるいは物に損傷・損害を受ける状態がないことをいう」と説明されています。

これを職場についてみると、機械設備、作業状態、環境などに不都合なことがあった結果として、働いている人が傷害を受けたか否かによって安全（Safety）であるか否かを判断するのではなく、将来にわたって災害（または事故）が発生するおそれがある「潜在的な危険」がない状態の場合に安全な職場であるということになります。

この潜在的な危険のことを「危険源（Hazard）」または「事故誘因（Incident）」といい、これによって災害または事故が発生するか否かなどを検討することがリスクアセスメント（Risk Assessment）で、発生の可能性と被害の程度を推定することによりリスク（Risk）の大きさ  を見積もります。

このリスクをあらかじめ低減する手段を講ずることを「リスク・マネジメント（Risk Management：危機管理）」といっており、その方法のひとつはリスクを低減するための予防対策を実施する「リスク・コントロール（Risk Control：危険制御）」であり、もうひとつは事故・災害が発生した場合に被害額を低

豆知識　リスクの大きさ

リスクの大きさの見積りは、発生するおそれのある負傷（または疾病）の被害の程度と発生の可能性（確率）の組み合わせで行います。

具体的には、マトリックスを用いる方法（被害の程度と発生確率をそれぞれ×、△、○で評価し、その組み合わせで××のときは危険度がもっとも高く、×△のときが次いで危険、○○のときがもっとも低いというように評価する方法など）、数値化による方法（被害の程度と発生確率をそれぞれ10点、5点、1点のように数値で評価し、その合計（＋または×）数値の大きい方が危険度が高いと評価）などがあります。

く抑えるための手段である「リスク・ファイナンシング（Risk Financing：損害保険など）」です。

このうち、職場においては、労働者に被害が及ぶことを防止するための手段であるリスク・コントロールを十分に行うことが重要であり、このことを一般に「労働災害防止対策の実施」または「安全衛生管理†」といっています。

なお、リスク・コントロールによって得られる安全度†は、科学的、技術的あるいは知識と経験によってかなり合理的（数値的、確率）に確認することはできます。しかし、絶対（完璧な）安全の実現は困難です。（第２章２-(4)参照）

例えば、職場の安全度を、「労働災害†」の有無で論ずることがありますが、

a　職場の危険（有害）箇所の摘出とそれへの対策を積極的に行っているものの、それでもなお軽度の傷害が発生している会社

b　職場には危険（有害）箇所がかなりあるにもかかわらず、具体的な対策をほとんど実施していないのに、災害が何年間も発生していない会社

を比較した場合、安全度は潜在的な危険（有害）への対応を行っているａの会社が高いと評価することになります。

（2）安心とは

「安心」という用語は、国語辞典などによると、もともと仏教の思想（安心：あんじん）からきたもので「心配がなくなって気持ちが落ち着く様子をいう」と説明されています。

このことは、事故・災害による被害をあらかじめ想定して損害保険などに加入しているので「安心」という人もいる一方で、人によって抱く気持ち・感情にはかなりの差があり、それでも「安心できない」と考える人もいるということを意味します。

また、種々の問題が表面化することがある家電製品・ガス器具などの場合には、一流のメーカーから最新のセンサーが付いていて安全であると説明されても、過去の製品と同じ機種であ

安全衛生管理
災害の内容には死亡やケガのほか健康障害が含まれますが、これらを防止する対策を実施することを一般に「安全衛生管理」といっています。以下、本書においては、対策に関する部分は「安全衛生管理」と記述します。

安全度
どの程度の危険（有害）性があるかということを、事故・災害の発生頻度、機械部品の故障確率（何年に１回、何万時間に１回など）など数字で示すことがあります。
この危険（有害）性の低さ、つまり安全性の高さを本書では「安全度」と記述します。

労働災害
労働災害とは、労働者が働いている建物、設備、粉じん等により、または作業行動などが原因となって、負傷し、疾病にかかり、または死亡することをいいます。
なお、労働者とは、労働契約に基づいて会社または個人の事務所で働いた対価として、「賃金」を得ている者のことをいい、請負契約、委託契約によって「報酬」を得ている者とは異なります。

るから安心できないと考える人もいるし、事故・災害などを教訓に具体的な改良点が示されている製品であるから安心できると考える人もいることになります。

極端な例としては、航空機†は高度の安全技術が集積された乗り物といえますが、100トンを超える機体が引力に逆らって空中に飛び立つので、安全なものではなく「安心できない」といって決して利用しない人もいます。

(3) 安全度と安心を高める

このように、安全と安心の意味はかなり異なっていますが、多くの人は自分の「命」の保証について「安心」したいという気持ちが優先しますので、いかにして安全と安心の一体化に近づけるかということが課題になります。

そのためには、家電製品などに関していえば、まずメーカーなどが科学的、技術的にコントロールが可能とされている「安全」についてその安全度を高め、そのことを詳しい情報として開示することによってユーザーとの間で信頼関係が生まれ、安心につながっていくことになります。

すなわち、メーカーが顧客など[豆知識]に「安全」と「安心」の両方を保証するためには、まず最新の知見に基づき科学的、技術的な検討を行って安全度の高い製品を設計・製造し、その対策内容などを具体的に開示して納得してもらう必要があります。

一方、顧客などは、自らの知識、過去の事故・災害情報、メーカーが開示した情報などを総合して製品が安全であるか否かを評価し、納得した場合には安心するということになります。

職場の場合には、労働者がふだんの作業で感じている潜在的な危険（有害）要因などを会社が収集して検討するシステムをつくり、その検討結果に基づいて安全な生産システムや機械設備の導入、安全な作業方法の決定、労働者への安全衛生教育・訓練などを行うことによって、労使の信頼関係が強まり事故・災害も減少すれば、安心して働けるということになります。

航空機の事故
航空機事故の確率は、国、航空会社、飛行距離などによって異なりますが、アメリカでは自動車事故の30分の1以下であるともいわれています。

 **顧客など**

国内外では、「企業の社会的責任（CSR : Corporate Social Responsibility）」という用語が多用されてきています。これは、企業は、利害関係者（Stakeholder：顧客、株主、従業員、取引先、地域住民、求職者、投資家、金融機関、政府など）それぞれとの関係をこれまで以上に大切にする必要があるという考え方のもとに、これまで重視してきた顧客（client）よりも広い範囲に対して企業としての責任を果たす必要があるという意味です。

なお、社会的責任を果たすために必要なものはコンプライアンス（Compliance: 法令遵守）ですが、このコンプライアンスとは単に法律を守るという狭い意味ではなく、社内規程などを整備し、それを守ることも含むものであるといわれています。

人災
人災とは、人間の不注意や怠慢が原因で起こる災害をさしています。

とくに、職場における災害は、地震や台風などが「自然災害」といわれるのに対し「人災†」といわれ、その防止は可能なものといわれています。すなわち、労働災害などの発生のメカニズムは科学的に解明できるようになり、また、その対策のメニューもかなり揃ってきているので、正しい理解のもとに労使で継続した努力を行えば安全と安心の一体化に近づけることは可能ということになります。

ただし、その実現のためには、達成する目標を定め、必要な資源（金、人、物）を投ずることが必要です。

3 事故・災害の影響

安全で安心な生活を阻害する原因のひとつである職場での事故・災害は、労働者だけでなく会社†、国などに経済的損失を含む各種の影響を与えます。

そのため、関係者は、それぞれの立場で、また、一体となってその影響を回避するための努力を行うことが必要です。

会社
経営側の呼称は、「企業」、「会社」などさまざまであり、例えば労働安全衛生法では「事業者」、労働基準法では「使用者」、労災保険法・労働者派遣法では「事業主」となっていますが、本書では個人経営の場合も含め原則として「会社」と記述します。

（1）会社への影響

会社の健全な経営のために事故・労働災害防止が不可欠であ

豆知識　労災保険

労災保険（労働者災害補償保険）は、会社が保険料を負担し国が運営している労働災害に関する保険で、原則としてすべての労働者に適用されます。給付の種類は、療養補償給付、休業補償給付（休業4日目から）、障害補償給付、遺族補償給付、葬祭料、傷病補償年金、介護補償給付があります。

なお、自宅と勤務先の間を通常のルートで通勤しているときの交通災害については、労働災害には含めませんが、労災保険制度の中の「通勤災害」として保険給付が行われます。給付の種類は、業務上災害の給付とほぼ同じです。

ることは多くの経営トップなどにも浸透してきていますが、事故・労働災害によって会社は次のような影響を受け、最悪の場合は事業の廃止につながることがあります。

なお、労働者も、会社の受ける影響によって、直接、間接の影響を受けることになります。

- 会社は、優秀な人材を失い、または被災者が治療、療養のために一定期間休業することにより生産に影響がでること
- 会社の故意または重大な過失により労働災害が発生したときには、「労災保険 豆知識」の給付に要した費用の一部または全部を徴収される場合があること
- 労働者の4日未満の休業については、労災保険の休業補償給付がないので、会社の負担になること
- 労災保険にはメリット制があり、災害のない会社はその後の保険料は安くなるが、保険給付が多い会社は高くなること（原則±40%の範囲で調整される）
- 生産再開までに、工場などの多額の修復費用が必要になる場合があること
- 関係行政機関の操業停止命令などで、一定期間生産停止になる場合があること
- 建設業では、災害発生後の一定期間、公共工事の入札指名

第1章 安全、安心とは

労働安全衛生法
90ページの付録を参照してください。

▶被害がなくても刑事的な罪に
　労働安全衛生法違反については、例えば安全装置を故意に取り外した場合や災害が発生したのに労働基準監督署長に報告しなかった場合など、法律に規定している事項に反している事実だけで罪に問われることがあります。
　なお、刑法については、労働者が死亡またはケガをした場合に業務上過失致死傷罪などが適用されます。

停止などを受ける場合があること
- 災害原因が**労働安全衛生法**†や刑法などの規定に反していた場合には、会社が刑事的な罪に問われること
- 爆発火災や有害物の大量漏洩などでは、地域住民などに多額の補償を行うことになる場合があること
- 労災保険の給付が行われても、被災者または遺族から別途**安全配慮義務**を履行していないとして民事訴訟が提起され、高額の補償を行うことになる場合があること
- 会社のイメージが低下し、不買の動きなどで大きな損失を受ける場合があること
- 他の労働者に、安心して働けない会社であるとの心理的な影響を与え、作業能率の低下などをもたらすほか、安全でない会社と評価されて求人に影響を受けるおそれがあること

(2) 労働者への影響

　労働災害による被災者に対しては、労災保険によって医療費、休業期間中の休業補償給付など、不幸にして死亡した場合には遺族に年金などが給付されますが、家族を含めて次のような影響を受けます。

▶労災保険による補償
　死亡災害、休業災害ともに、労災保険の給付があっても、それによる補償は6～8割の水準の範囲であり、慰謝料を含む損害の穴埋めをするためには、別途損害賠償請求を行う必要があります。

▶管理監督の立場にある人
　賃金を得て働いている労働者であっても、会社から一定の権限と責任を与えられている管理監督者（現場の小単位の責任者を含む）は、会社のために行為する者として刑事的な罰則の対象になります。

- 労働者が、故意に、災害の直接原因となった事故を発生させたときは、労災保険の給付がなされない場合があること
- 死亡の場合は、労災保険より遺族年金が給付されるが、労働者が元気で働いたときに得られる生涯の収入に比較すると明らかに少なくなること
- 身体に障害が残った場合、同じ仕事に復帰することが不可能になって収入が減少する場合が多いこと
- 死亡の場合、会社は労働者数の一部を失うに過ぎないが、被災者の家族はすべてを失うことになるので、家族を含めた将来の生活設計そのものが根本から狂ってしまうこと
- 管理監督の立場にある人は、労働安全衛生法、刑法違

刑事的な罪

　労働安全衛生法、刑法（業務上過失致死傷）などには罰則規定があり、災害が発生したときには、会社、現場責任者などが刑事的な罪（確定するといわゆる前科）に問われます。また、労働者も遵守事項に違反した場合には罪に問われます。

安全配慮義務

　会社は、労働者に賃金を支払うだけではなく、労働者の身体・生命を守る義務（一般に「安全配慮義務」という）があるということ（最高裁の判例）で、民事訴訟（債務不履行など）が提起されており、その判決による損害賠償額も年々高額化の傾向にあります。
　また、「労働契約法」の規定により、会社が労働者と労働契約を結ぶときには賃金や労働時間などのほか、労働者の安全と健康の確保に配慮することの明示が必要です。

安全度の評価

　会社の安全度の評価指標としては、一般に次のようなものが用いられます。

① 度数率（100万延実労働時間あたりの労働災害の発生率）

$$\frac{その会社の年間の労働災害による死傷者数}{その会社の年間の総労働時間数} \times 1,000,000$$

（注）総労働時間数とは、会社の全労働者（非正規労働者を含む。以下同じ）の時間外・休日労働を含む労働時間を合計したものをいいます。

② 強度率（1,000延実労働時間あたりの災害の重さの程度）

$$\frac{その会社の年間の労働災害による損失日数}{その会社の年間の総労働時間数} \times 1,000$$

（注）死亡の場合の損失日数は、1件7,500日として計算します。

③ 年千人率（労働者1,000人あたりの災害発生率）

$$\frac{その会社の年間の死傷者数}{その会社の労働者数} \times 1,000$$

（注）外国では、万人率、10万人率を使用するところもあります。

反などの行為者として罪に問われる場合があること。また、民事訴訟のときの当事者（被告）として損害賠償請求をされる場合があること
- 労働者の重大なミスで事故・災害が発生し、会社に損害を与えた場合には、会社から損害賠償の請求をされる場合や職を失う場合があること

(3) 国の対応

国など†の行政機関は、事故・災害の調査などに関して多額の国費の支出、再発防止対策の実施などのために多くの作業を行うことになります。

- 自然災害で河川や道路の損壊などが生じた場合、その修復のために多額の支出が必要になること
- 食中毒などの場合、その原因調査と被害の拡大防止のために多額の支出が必要になること
- 公害などの場合、その後処理にかなりの期間と人員を要するほか、国に責任があれば補償が必要になる場合があること
- 労働災害などが発生した場合、労働基準監督官などが権限に基づいて法律に違反するか否かの調査・捜査を行うほか、原因となった類似の機械設備による再発防止、環境などによる被害の拡大防止のための調査研究、啓発・指導、法令改正などが必要になる場合があること
- わが国は急速に少子高齢化社会に向かっていますが、不幸にして死亡者などがでた場合、貴重な労働力を失い国全体の経済活動の活性化に影響すること

国など
労働者が被災した災害などについては、労働基準監督署、警察署、消防署などの調査や災害の種類によっては国土交通省、環境省など国の多くの省庁が関係します。なお、厚生労働省の組織については52ページの「都道府県労働局（長）」を参照して下さい。

演習問題 1

次の設問のうち、正しいものに〇、誤っているものに×を付けなさい。

1　安全装置が付いている機械設備、家電製品などは、安全度が高いので安心である。
2　安全とは、災害がないことではなく、潜在的な危険もないことをいう。
3　人が死亡またはケガをする事象のことを、事故または災害という
4　労働安全衛生法違反で刑事的な責任を問われるのは、会社と経営トップである。
5　労働災害による被災者または遺族は、労災保険の給付が行われた場合でも民事訴訟を行うことができる。

（解答は88ページ）

第2章 災害の内容と発生のしくみ

この章のねらい

　国民の死亡原因の概況、職場における災害の発生のしくみとその内容を知るとともに、災害原因のひとつである人間行動の特性を理解します。
　そして、災害の絶滅は困難ですが、関係者が一体となり継続して努力すれば安全で安心な職場の実現に近づけることを理解します。

1　どのような災害が多いか

　災害は繰り返すといわれていますが、人が死亡し、または傷害を受けることを回避するためには、まずどのような災害が多く発生しているかを知ることが重要です。

（1）国民の死亡原因は

　わが国の人口約1億3,000万人のうち毎年の死亡者は年によって若干の変動はありますが、表2-1のような状況になっています。
　これによると、全体の約65％が病死で、次いで不慮の事故が約3％の約4万人となっています。なお、病死のうちの8割は近年問題となっている生活習慣病（豆知識）によるものです。
　不慮の事故の内容は、交通災害や労働災害が主なもので、その他は転倒・転落、溺死、火災、自然力へのばく露（地震、台風等）などです。
　なお、労働災害による死亡者数は、近年は1,000人以下にまで減少していますが、これまでのピークであった1961（昭和36）年には6,712人にものぼっていました。
　また、近年では、減少傾向にあるとはいえ毎年2万人近くの自殺者がおり社会的な問題となっています。職業別では無職者が約6割、労働者が約3割で、動機としては健康問題がもっと

（参考）
　交通事故、労働災害を除く不慮の事故による死傷者数は、年によって変動しますが、毎年次のような状況にあります。火災：9,000～10,000人、鉄道：400～700人、船員：900～1,300人、山の遭難：1,000～2,000人、夏の水難：約1,500人、学校管理下の児童生徒（幼稚園～高等学校・高等専門学校で災害共済給付者数）約200万人

表2-1 主な死因別死亡者数

死亡者総数	1,340,397
病死	865,360
悪性新生物（がん）	373,334
心疾患	204,837
脳血管疾患	109,880
肺炎	96,841
誤嚥性肺炎	35,788
腎不全	25,134
血管性等の認知症	19,546
不慮の事故	40,329
交通事故	5,004
労働災害	978
その他	34,347
自殺	20,465
老衰	101,396

厚生労働省：2017（平成29）年
(注)1　病死合計は、表記載の病名の合計
　　2　平成29年より死因分類が変更

も多くなっています。

（2）労働者の死傷割合は高い

労働災害による死亡者は、国民全体の死亡者数から見ると多いとはいえませんが、負傷者を含めた死傷者数で見ると、いまだに毎年50万人を超える人が被災しています。

なお、交通災害による全死傷者数は年間約80万人で、被災

生活習慣病

以前は、がん、脳血管障害、心臓疾患が3大成人病といわれていましたが、これに高血圧症、脂質異常症、慢性気管支炎、肺気腫、肝臓病、糖尿病、変形性関節症、白内障、骨粗しょう症などが加えられて生活習慣病といわれるようになりました。

なお、会社の行う一般健康診断（定期健康診断）には、生活習慣病に関する項目が含まれています。

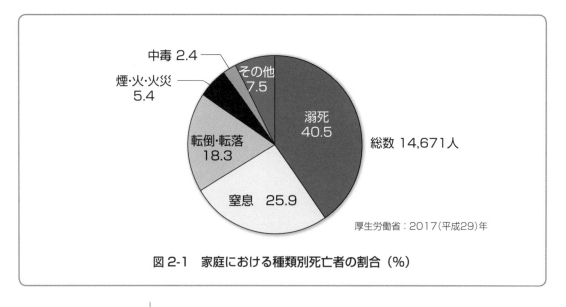

図2-1 家庭における種類別死亡者の割合（％）

者の年齢層では20歳代～30歳代が最も多くなっています。

この交通災害による死傷者のうち3分の1は労働者とみられ、労働災害による死傷者と合計すると年間約70万人の労働者が被災していると推定されることから、労働災害と交通災害の防止†は会社にとって大きな課題ということになります。

交通災害の防止
78ページ（第4章1-(2)）を参照してください。

(3) 家庭で多い窒息、溺死

国民の家庭内における死亡原因を見ると、年によって若干の変動はありますが、おおむね図2-1のようになっています。

これによると、風呂などでの溺死、喉への食物の詰まりなどによる窒息、転倒・転落などによるもので約80％を占めています。

なお、年齢層でみると、65歳以上の高年齢者が70％以上を占めています。

(4) 職場の災害の特徴

労働災害を分析すると、機械の大型化、高速化、新技術・新原材料の採用などによる新しいタイプの災害も出てきていますが、従来と同じタイプの災害の割合が依然として大きいので、その内容を知っておくことは対策の重点（順位）を定めるうえ

1 | どのような災害が多いか

① 製造業、建設業で多い労働災害

労働災害による死傷者数を業種別にみると、年によって若干異なりますが、製造業、建設業、陸上貨物運送業の3業種で全体の50％近くを占めています。また、死亡者数でも、この3業種で全体の60％以上を占めています。

なお、経済のサービス産業化に伴いその他の事業†に労働者が移動していることもあって、その分野での労働災害が年々増加の傾向にありますが、サービス業などにおいてもフォークリフト、ベルトコンベヤ、無人搬送車などの機械の導入が著しく、これらの機械への接触、激突などによる災害が増えてきています。

② 多い墜落・転落、転倒、はさまれ・巻き込まれ災害

労働者がどのようなタイプの災害†で被災しているかを見ると、年により若干異なりますが、図2-2のようになっています。

これによると、死傷者数では転倒、墜落・転落、はさまれ・巻き込まれ、動作の反動・無理な動作、切れ・こすれの5つのタイプで約70％を占め、死亡者数では墜落・転落、交通事故、はさまれ・巻き込まれの3つのタイプで60％近くを占めています。

なお、転倒、墜落・転落災害は、工場、建設工事現場、荷の取扱・運搬作業などに限らず、オフィスにおける階段の昇降時、踏み台やはしごを使用した高所の簡単な修理作業などでも多く発生しています。また、同種の災害は、家庭におけるはしご上での植木の剪定作業、屋根上での修理作業、雪下ろし作業、階段の昇降などでもかなり発生しています（図2-1参照）。

③ 腰痛が多い健康障害

職場では、死亡や負傷のほか、有害なガス・蒸気の吸引、不適切な姿勢での作業などで健康に異常を生ずることがあり、これを「業務上疾病」といいます。

その内容は、表2-2に示すように「負傷に起因する疾病」が全体の約7割を占めていますが、いわゆる「腰痛」の割合が

その他の事業
　その他の事業としては、本社事務所、商業、金融・保険など、労働基準法別表第1の第1号〜第5号（工業的業種）を除く事業が該当します。

労働災害のタイプ
　厚生労働省では、労働災害のタイプを分類する方法として事故の型別、起因物別の2つを使用しています。
　このうち、事故の型別は、災害を墜落・転落、はさまれ・巻き込まれ、転倒、飛来・落下、崩壊・倒壊、激突、切れ・こすれ、有害物との接触、感電、爆発、火災、交通事故などの現象別に分類するものです。
　また、起因物別は、災害を動力機械、物上げ装置・動力運搬機械、圧力容器・化学設備、電気設備、仮設物・建築物・構築物等など機械設備別等に分類するものです。
　労働災害を起因物別にみると、全産業の死傷者数では仮設物（建設工事現場の足場など）・建築物・構築物等、動力運搬機（自動車、フォークリフト、車両系建設機械など）の順に、死亡者数では仮設物・建築物・構築物等、動力運搬機、環境（崩壊しやすい斜面など自然環境）、乗物の順になっています。

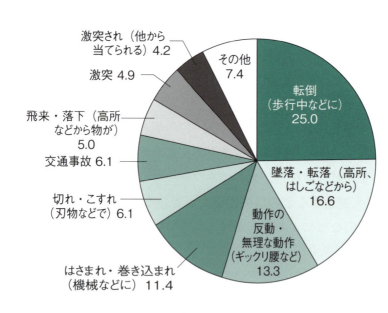

休業4日以上の死傷者（％）

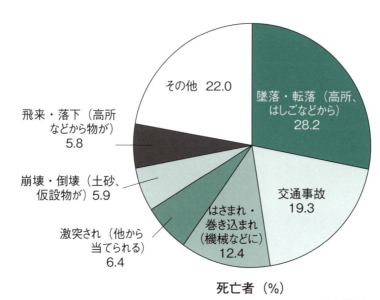

死亡者（％）

厚生労働省：2018（平成30）年

図2-2　事故の型別死傷者、死亡者の割合（全産業）

1 | どのような災害が多いか

表 2-2　業務上疾病者数

疾病の内容	疾病者数（人）
負傷に起因する疾病	5,937
（うち　腰痛）	(5,016)
物理的因子による疾病（温湿度、騒音、赤外線、レーザー光線、電離放射線、超音波、異常気圧など）	1,437
作業態様に起因する疾病（負傷に起因しない腰痛、重激な業務、振動障害、頸肩腕症候群など）	457
化学物質による疾病（粉じん、有機溶剤、化学物質、酸素欠乏症など。がんを除く）	263
じん肺およびじん肺合併症（鉱山、トンネル工事などの作業で）	165
その他の疾病（がん、石綿、病原体など）	425
合計	8,684

厚生労働省：2018（平成30）年

高率（全業務上疾病の約6割）です。

　なお、業務上疾病は、塗料に含まれている有機溶剤などのガス・蒸気の吸引による急性中毒や酸素欠乏症・硫化水素中毒†のように重篤な症状が直ちに現れるもののほか、濃度は薄いが有機溶剤などのガス・蒸気を長期に吸引したことによる慢性中毒、鉱物性粉じんの長期の吸入によるじん肺†、アスベスト（石綿）粉じんの吸入による石綿肺や中皮腫†、化学物質によるがん、慢性の腰痛など、一定の期間が経過した後に症状として現れるものがあります。

　また、毎年5〜8月に、屋外で作業している労働者などが熱中症†で死亡するなどの事例が頻発する傾向にあり、国民全体では7万人を超える人が病院に緊急搬送されています（2019年5月〜9月）。

酸素欠乏症・硫化水素中毒
　92ページの付録の「酸素欠乏症等防止規則」の概要を参照してください。

じん肺
　鉱物性粉じんなどの吸入によって、肺に生じた線維増殖性変化などによる疾病のことをいいます。石炭の採掘、トンネル工事などに従事した人に多く発生しています

中皮腫
　アスベスト（石綿）の粉じんの吸入によって、肺を覆っている胸膜などの中皮細胞に悪性腫瘍を生ずる疾病。古い建物の断熱材の解体作業、石綿製品の工場の労働者および付近の住民に症状が出ていることで問題化しています。

熱中症
　86ページを参照してください

負傷に起因する疾病

　負傷に起因する疾病とは、頭部・顔面部の負傷による慢性硬膜下血腫・外傷性遅発性脳卒中など、脳・脊髄・末梢神経等神経系の負傷による皮膚・筋肉・骨・胸腹部臓器等の疾患、胸部・腹部の負傷による胸膜炎・ヘルニアなど、脊椎または四肢の負傷による腰痛、皮膚等の負傷による破傷風などの細菌感染症、異物の侵入・残留による眼疾患、蜂やマムシ等による刺傷・咬傷（かみ傷）による疾病などのことをいいます。

表 2-3　不安全状態の分類

分類	不安全状態の具体的な例
物の欠陥	・機械などの設計が悪い　　　　　　　　・材料、工作要領が悪い ・物が老朽化している　　　　　　　　　・材料、部品が疲労している ・故障を修理していない　　　　　　　　・整備不良　など
防護の欠陥	・危険部分を防護（カバーなど）していない　・防護が不十分 ・電気機器の接地（アース）をしていない ・危険有害区域の区画、表示（立入禁止など）をしていない　など
作業場所の欠陥	・通路が確保されていない　　　　　　　・作業場所が狭い ・機械などの配置が悪い　　　　　　　　・物の積み過ぎ、立てかけ　など
保護具などの欠陥	・服装、履物を指定していない　　　　　・手袋の使用を禁止していない ・保護具を指定していない　など
作業環境の欠陥	・換気が悪い　　・その他の作業環境（照明、騒音、酸素欠乏など）が悪い　など
作業方法の欠陥	・作業に不適当な機械を使用している　・不適当な工具、道具を使用している ・作業手順を誤っている　　　　　　　・技術的、肉体的に無理な作業をさせている ・安全（危険・有害性なし）を事前に確認していない　など
その他	・欠陥を特定できないもの

（厚生労働省の分類より改変）

さらに、会社に義務づけられている定期健康診断の結果では、生活習慣病と診断される人が若年層を含め年々増加の傾向にあり、健康維持の面で問題が出てきています。

2　災害はなぜ発生するか

災害を防止するためには、災害発生のしくみを理解しておくことが必要です。とくに、災害原因を「本人の不注意」として処理することには問題があります。

(1) 災害発生のしくみ

病死、自殺、殺人、台風・地震などの自然災害によるほか、人はさまざまな原因で死傷していますが、労働災害については表2-3および表2-4に示すように、機械設備などに欠陥があったもの（**不安全状態**：物的原因ともいう）と人が危険・有害なものに接近または接触するなどの不適切な行動があったもの（**不安全行動**：人的原因ともいう）の2つの大きな原因に区分

表 2-4　不安全行動の分類

分類	不安全行動の具体的な例
安全装置を無効にする	・安全装置を取り外す、無効にする、調整を誤る　など
安全対策を実施しない	・不意の危険に対する対策（点検時に機械を停めるなど）を実施しない ・機械などを不意に動かす　　・合図、確認せずに車や物を動かす　など
不安全な状態を放置する	・機械などを運転したまま離れる ・工具、材料、くずなどを不安定な場所におく　など
危険（有害）な状態を作る	・荷などを積み過ぎる ・組み合わせては危険（有害）なものを混ぜる ・安全なものから不安全なものに取り替える　など
指定された用途等以外に使用する	・欠陥のある機械、工具、用具などを使用する ・機械、工具等の選択を誤る ・機械などを指定された作業以外に使用する ・機械などを決められた速度を超えて動かす　など
危険（有害）な箇所に接近する	・機械の運転中に掃除、点検、注油、修理などを行う ・危険物、加熱、加圧されたものが入っている容器に接近する ・動いている機械に接近、または触れる ・吊っている荷に触れ、または下に入る ・危険有害な場所に立ち入る　　・崩れやすい物に触れる　など
保護具などを使用しない	・保護具を使用しない　　　・保護具の選択、使用方法を誤る ・不安全な服装（巻き込まれのおそれなど）をする　など
誤った動作	・荷物の積み過ぎ ・物の支え方、つかみ方、押し方、引き方の誤り ・上がり方、降り方の誤り　　・不必要に走る　など
その他の不安全な行動	・道具の代わりに手を使用する　　・荷の中抜き、下抜きをする ・手渡しせずに投げる　　　　・飛び乗り、飛び降り ・いたずら、悪ふざけ　など
運転の失敗	・制限速度オーバー　など
その他	・その他の不安全な行動　など

（厚生労働省の分類より改変）

しています。

　労働災害は、この2つの表の「具体的な例」に示すような事象の複数の事象が原因となって発生しています。

　すなわち、労働災害は、図2-3に示すように、この不安全状態、不安全行動の2つの原因が接触したときに発生するので、2つの原因を除去するか、または2つの原因を位置的、時間的に同じ場面に同居させない 知識 ことなどが労働災害防止のポイントになります。また、2つの原因の排除には、会社が組織的

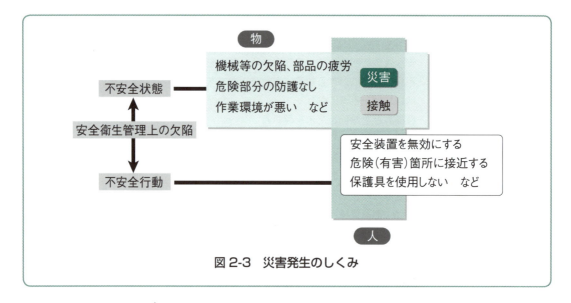

図2-3　災害発生のしくみ

に安全衛生管理を行うことが必要です。

　なお、不安全状態と不安全行動の接触による災害発生のしくみは、労働災害に限られたものではなく、他の災害にも共通するものです。

　このほか、事故・災害の原因分類としては、アメリカの国家運輸安全委員会（National Transportation Safety Board）が航空機の墜落などの調査に活用した「4つのM法」豆知識［人原因（Man）、機械設備原因（Machine）、作業方法・環境原因（Media）、管理原因（Management）］もあり、これを活用すると対策を定める場合のポイントが明らかになるという特徴があります。

豆知識　2つの原因を同居させない（例）

　2つの原因を同居させない方法としては、鉄道や道路などのように立体交差方式で機械と人を分離する、堅固な手すり、柵、覆いなどで人と危険な機械などを隔離するなどの「位置的に区分する方法」と、建設工事などで同時に上下作業を行わせない、立入禁止の柵をインターロック（扉などを開けると機械が停止するシステム）するなどの「時間的にずらす方法」、人がまったく介在しない「自動生産システム」などがあります。

（2）災害は氷山の一角

　労働災害は、職場の安全と健康に関係する方々の長年の努力により着実に減少していますが、いまだに毎年数多くの災害が発生していて絶滅までの道のりはまだまだ遠く、これまでの対策に新しい視点、工夫を加えた努力が求められています。

　かなり古い時代ですが、アメリカの損害保険会社の安全技師であったハインリッヒ（Herbert William Heinrich 1881～1962）は、多くの災害（事故を含む）を詳細に分析し、図2-4のような「1：29：300の法則」を発表しています。

　すなわち、「1件の重傷災害（死亡または重傷）が発生したとすれば、その人は29回の軽傷災害（応急手当などですむ負傷）と300回の無傷害事故を経験している」というもので、人に傷害を与えた数字はまさに氷山の一角に過ぎないということを示しています。

　なお、この1：29：300の比率は、今日のようにコンピュータを活用したIT（Information Technology：情報技術）、さらにはAI（Artificial Intelligence：人工知能）を活用した自動生産システムで稼働している工場やオフィス勤務などには当てはまりませんが、重い傷害1件を防止するためには背後にある数千の潜在的な危険（有害）要因を排除する必要があるという考え方は今でも変わりません ○注意!。

ハインリッヒ
　ハインリッヒは、この法則のほか5つの駒を使用したドミノ理論も提唱していますが、これは経営者に便利な理論であったため、他の人（Frank E. Bird Jr. など）によって修正されています。

注意
▶いきなり致命的な災害の可能性

　新しい機械設備などには、ITを採用した安全機能が内蔵されていること、回転部、刃部などの危険部分に堅固なカバーが取り付けられていることなどから、従来に比較して事故・災害の確率は減少しています。

　しかし、詳細に検討すると、なお潜在的な危険（ハインリッヒの法則における数千の不安全状態、不安全行動）はかなり残っているので、重い傷害の前兆ともいえる29（軽い傷害）や300（事故）がなく、いきなり致命的な災害（ハインリッヒの法則で1に該当）となるおそれがあります。

4つのM法

　人原因（Man）としては心理的原因、生理的原因、職場的原因（詳しくは、表2-5「不安全行動の原因」を参照）、**機械設備原因（Machine）**としては設計上の欠陥、危険防護の不良、本質的安全設計方策の不足（人間工学的配慮の不足）、標準化の不足、点検整備の不足など、**作業方法・環境原因（Media）**としては作業情報の不適切、作業姿勢・作業動作の欠陥、作業方法の不適切、作業空間の不良、作業環境条件の不良など、**管理原因（Management）**としては管理組織の欠陥、規程・マニュアルの不備・不徹底、安全衛生計画の不良、教育訓練の不足、部下に対する監督・指導の不足、適正配置の不十分、健康管理の不良などがあります。

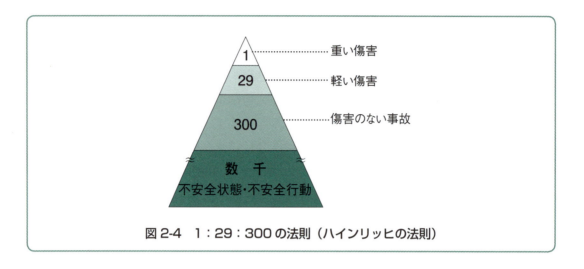

図2-4　1：29：300の法則（ハインリッヒの法則）

また、国内外で労働災害防止の基本となっている**リスクアセスメント**[豆知識]は、この考え方と同質のものです。

（3）人の不安全行動は避けにくい

災害で被災すると「不注意」という人がいますが、人の不安全な行動の原因には**表2-5**のようなものがあるので、不注意として片付けることにはかなり問題があります。

とくに、不安全行動の3つの原因のうち、心理的原因については、「注意しろ」、「学習しろ」、「直せ」といっても人間としての特性に関するもので、解決がむずかしい性質のものです。

ただし、人は、学習した知識、経験により、危険（有害）を認知したときにはそれを回避する能力もありますので、あらかじめの安全衛生教育、現場での**指差し呼称**†の実施などにより被災から逃れることもできます。

一方、生理的原因と職場的原因については、家庭生活での健康管理あるいは職場の人間関係の改善などでコントロールすることが可能な性質のものですが、コントロールの仕方によってはやはり不安定な要素となります。

このように、人の不安全行動をゼロにすることは困難ですので、まずコントロールしやすい不安全状態の排除や組織全体の安全管理体制の見直しなどを行うことが必要です。

指差し呼称
　73ページ（第3章3-(8)）を参照してください。

豆知識 リスクアセスメント

リスクアセスメント（Risk Assessment）とは、潜在する危険（有害）状態および危険（有害）行動などを確認（拾い出して）し、データと経験、系統的観察、統計学的分析により、危険（有害）の発生確率と被害の程度からリスクの大きさを推定評価し、対策につなげていく作業をいいます。

具体的な実施の手順としては、「①危険（有害）源を特定する（見つけ出す）⇒②リスクを推定し、評価する⇒③対策の優先度を決定する」の3つにまとめられます。

このリスクアセスメントは、設備や原材料、作業方法などを採用・変更したときなどに実施するよう努めるほか、一定の化学物質を取り扱う際に実施が義務づけられています。

表2-5　不安全行動の原因

原因	具体的な状態
心理的原因	場面行動（とっさの行動で、同僚の救助に飛び込むような行動）、忘却（物忘れ）、周縁的動作（危険箇所に接近しているのに意識しない動作）、考えごと、無意識行動、危険感覚（危険・有害と感じない）、近道反応（最短距離を行こうとする動作）、省略行為（決められたことなどを省略する行動）、憶測判断（たぶん大丈夫と考えた行動）、錯誤（錯覚）など
生理的原因	疲労、睡眠不足、身体機能（手足の長短、一部不自由など）、アルコール、疾病、加齢など
職場的原因	職場の人間関係、リーダーシップ、チームワーク、コミュニケーション など

大関親著『新しい時代の安全管理のすべて』（中央労働災害防止協会）より

（4）絶対安全は困難

不安全行動の防止については、上記（3）で述べたように人間特性の問題もあり一定以上に改善することは困難なので、機械設備面などの対応（不安全状態の解消）を行う必要がありますが、これについても次のような問題があります。

- 機械などは、設計・製造段階で**本質的安全設計方策**豆知識 を図ることによって安全度をかなり高めることはできるが、科学的、技術的に解決ができない部分が残ること
- 機械などの構成材料の老化・劣化、部品の摩耗、安全装置の故障などは避けられないので、定期に行う詳細な検査、その日の作業開始前の点検と不具合箇所の整備（補修）が不可欠であるが、現実には検査・点検の未実施と整備不良

>
> **本質的安全設計方策**
>
> 機械の設計段階で、構造・寸法・制御面や人間工学的配慮などを行うことにより作業者を保護する方策を講ずることをいいます。これが困難なときには、ガードによる危険源からの隔離・安全装置による危険源の停止 (安全防護という)、非常停止機能の付加・残留エネルギーの除去 (付加保護装置という) などにより作業者を保護する方策を講じます。

（手抜きを含む）があること

- せっかく機械に装備した安全装置を作業性などの理由で取り外したり、機能を失わせたり、あるいは墜落防止のために設置した柵を取り外す場合などがあること
- 産業用ロボットなどに必要な立入禁止区域の柵†などは、メーカーではなくユーザーで設置することになるが、それを怠っている場合や不十分な場合があること
- 機械設備や作業環境の改善には、技術的な問題のほか改善費用が必要となるが、最高度の改善を行うための投資は困難な場合があること
- 服装、保護具を指定していない場合があること
- 安全な手順を検討せず作業を行わせていることが多いこと

このように、すべての機械などの不安全状態を完全に解消することは困難です。しかし、機械などを設置する会社の経営トップが、事故・災害防止には一定の費用（安全投資）が必要であることを認識し、安全な機械の導入、機械各部についての漏れのない定期検査や作業開始前点検、その結果に基づく必要な整備（補修）の実施、そして機械の正しく安全な運転・操作の教育などを総合的に実施するように指示することによって、安全度を向上させ絶対安全に近づけることは可能です。

なお、機械などの安全度は高いほど望ましいが、その時代の技術水準、生産コストなどとの関係で制約を受けることもあって、一定水準の安全度でもやむを得ないとする考え方があり、これを「許容できる安全」といってきましたが、近年では

立入禁止区域の柵
産業用ロボットのマニプレータ（腕）で労働者が打たれること、挟まれたりすることなどがあるので、マニプレータの可動範囲の外側に柵または囲いを設けることなどが労働安全衛生規則で義務づけられています。

許容できる安全

人は絶対的な安全を求めていますが、安全の定義は必ずしも固定したものではなく、その判断基準は時代とともに、また、社会情勢によっても変わっています。

すなわち、安全に要求される水準は、絶対的なものではなく、どこまで安全にするかという人の心と誰もが納得する線の妥協によって、その時代ごとに定まる（ある時代に安全と考えても、技術、機械などの進歩によって次の時代には安全でないと判断する）という考え方もあり、これを「社会的に許容できる安全」といっています。

安全確保に関する意識や考え方に変化があります。すなわち、安全が、人間（作業者）の注意中心の初期の時代から、発生した事故・災害をもとに機械の本質的安全設計、制御安全設計、機能安全設計などにより強化する時代に発展してきていますが、IT・AI が充実してきている今日では人間とモノと環境の情報を加えて総合的に運用し安全をより確実なものとする時代（「Safety2.0」などと称されています）になってきたという議論が国内外でなされています。これは、大きな被害が出た時などにでる「想定外」という言葉への対応としても必要なことと考えられます。

演習問題 2

次の設問のうち、正しいものに〇、誤っているものに×を付けなさい。
1　災害は、不安全状態と不安全行動が接触する中で発生しているので、安全確保のためにはこの2つの原因を除去するか、位置的、時間的にずらす必要がある。
2　ハインリッヒは、重大な災害が1件であってもその背後には数千の危険（有害）要因が潜在しているといっていた。
3　負傷に起因する腰痛は、「業務上疾病」には分類されない。
4　人には、錯覚や疲労などの人間特性があるので、不安全行動を完全に防止することは困難である。
5　機械による事故・災害を防止するためには、機械そのものの絶対安全を確保しなければならない。

（解答は88ページ）

第3章 安全衛生管理の役割分担

この章のねらい

労働災害防止のための国、会社、労働者の役割分担、義務の内容について理解します。

また、労働災害防止は、会社の労使が一体となった活動が基本ですが、労働者が日常の作業で経験している「ヒヤリ・ハット事例」は、これからの安全衛生対策の重要な情報になることを理解します。

1 国の役割

労働者の安全と健康の確保は、会社の労使による自主的な安全衛生活動が基本ですが、労働災害防止に必要な最低の基準を定めた法律など[†]を所管している国の役割は重要です。

会社および労働者は、国が実施する法律を含む各種の施策について内容をよく理解し、社内の安全衛生管理に積極的に取り込んでいくことが必要です。

(1) 情報を提供する

職場の労働災害防止について、古くより「災害に学べ」といわれてきましたが、年間の労働災害による死亡者が数千人、死傷者が100万人を超えた時代とは異なって、近年は労働災害がかなり減少しましたので、個々の会社（工場）単位では学ぶ事例は少なくなりました。しかし、職場の潜在的危険（有害）は必ずしも減少してはいないので、他から学ぶ素材を入手することが必要になってきています。

そこで、事故・災害に関する国内外の情報を多く持っている国などの役割は大きく、個人情報保護に配慮しつつ、会社の施策に役立つ情報をできるだけ早く、多く開示することが求められています。

また、新たな技術開発にともなって発生する危険有害要因な

労働災害防止に必要な最低の基準を定めた法律など
90ページの付録を参照してください。

どの調査研究についても国の役割が期待されています。

なお、自然災害の防止は困難な部類に属するものですが、地球温暖化の影響と思われるこれまでとは異なった経路で来襲する大型の台風、局地的な集中豪雨などについて、予測技術の進歩で得られた事前情報に基づいて早期の退避勧告や自主避難などが行われるようになった結果、人の被害が以前に比較してかなり減少していることなどは、国などの役割および効果として特徴的な例といえます。

しかし、近年の大雨などによる被害は拡大してきているので、いっそうの総合的な対策の強化が求められます。

(2) 指針などを公表する

国は、労働災害の防止に必要な法律の制定・改正を行っているほか、法律に基づく権限で会社への立入調査（「臨検」ともいう）、法律違反があった場合の**書類送検**†事務などを行っています。また、国は、会社が効果的な安全衛生管理を進めるために必要な多くの指針などを公表しています。

会社におけるこれからの安全衛生管理の進め方として、国内外の共通した考え方となっている**トップダウン型**の労働安全衛生マネジメントシステム（Occupational Safety & Health Management System, 以下「OSHMS」という）は、その例のひとつで、国内の多くの会社で導入されてきています。

この OSHMS は、図3-1 に示すように、会社の安全衛生管

書類送検
労働安全衛生法・刑法違反などについて労働基準監督署・警察署などが捜査のうえ検察庁へ書類を送致（告訴の場合は送付という）することをいいます。なお、被疑者を逮捕のうえ書類とともに送致することもあります。

豆知識 トップダウン型

わが国では、トップの姿勢が重要といわれながらも、第一線現場における安全衛生活動を中心としたボトムアップ型の安全衛生管理手法が長く続けられてきて、結果としても大きな成果を上げてきました。

しかし、今日では、国際的にもまず経営トップが安全衛生方針を示し、それを受けて各種対策を計画的に実施するトップダウン型の手法が主流となってきています。

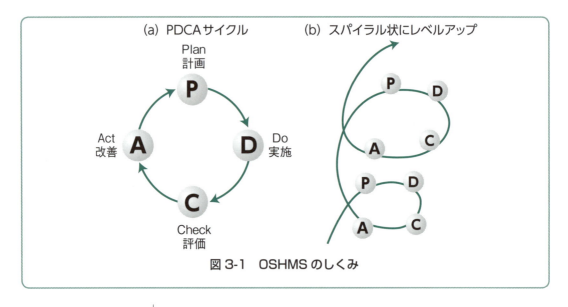

図3-1　OSHMSのしくみ

理をP（Plan：計画）⇒D（Do：実施）⇒C（Check：評価）⇒A（Act：改善）の手順で進めるシステムで、この手順を繰り返しながら安全衛生水準をスパイラル状（らせん状）に向上させることを目的としたものですが、これは**生産管理などの場合にも必要なシステム**でもあります。

なお、OSHMSの最初の手順である計画（Plan）を作成するときには、各種の**危険（有害）情報**†（会社で発生した労働災害、

危険（有害）情報
64ページ（第3章3-(3)）を参照してください。

豆知識　生産などの管理システム

　国際標準化機構（ISO）では、「ISO9000」（品質マネジメントシステム）および「ISO14000」（環境マネジメントシステム）を制定しました。このISO規格は強制規格ではありませんが、この規格に適合していることを第三者機関に審査してもらい、合格していないと商取引をしないという運用がヨーロッパ圏（EU：54ページ参照）を中心に行われたことから、輸出国であるわが国の企業もその認証を得るようになっています。

　この2つの国際規格のシステムは、OSHMSと同じP⇒D⇒C⇒Aとなっています。なお、OSHMSについても、2018年に「ISO45001」（労働安全衛生マネジメントシステム）が制定され、同年秋にはその翻訳版である「JIS Q 45001」と、日本版マネジメント規格「JIS Q 45100」が発行されました。これにより、多くの企業が認証取得の動きをみせています。

表3-1　リスクの大きさと措置基準（例）

リスクの大きさ	措置の内容
些細（ささい）	特別の措置は不要。
許容可能なリスク	コストの増加がない改善について検討。管理を確実にするため監視が必要。リスクアセスメントの記録は保管。
中程度のリスク	リスクを低減するための検討（対策の費用を少なくする方向で）が必要。リスク低減対策を行う期間を定めて実行。中程度のリスクでも重大な災害・健康障害と関連している場合は、さらに詳細なリスクアセスメントを実施。
大きなリスク	大きなリスクが低減されるまで業務を開始することは控える。時には大きな経営資源を投入。リスクに関係する仕事については緊急的な措置を行う。
耐えられないリスク	リスクが低減されるまで作業を開始すること、継続することを控える。十分な経営資源を投入してリスクを低減する。これらが不可能な場合は作業の禁止を継続する。

大関親著『新しい時代の安全管理のすべて』（中央労働災害防止協会）より一部改変

ヒヤリ・ハットなど）に基づくリスクアセスメントを実施し、リスクの大きいものから対策を実施することが必要です。

　この場合、リスクの大きさに応じた対策の順位を定める基準としては、表3-1のような方法がありますが、固定的なものではなくそれぞれの会社で定めることになります。

　また、このOSHMSは、どんな危険有害要因があり、どんな対策を実施するか・実施したかなど一連の手順を文書化することが要件になっています。これによって、安全衛生担当者などが異動・退職しても、この作成された文書が後任者に引き継がれるので、会社としての安全衛生管理のノウハウは円滑、適切に伝承されることになります。

2　会社の実施事項

　会社は、生産活動などに携わる労働者に対する賃金の支払いを含む各種の労働条件の確保はもちろんのこと、労働者の安全と健康を保障する義務があり、労働安全衛生法では会社の実施すべき多くの事項を罰則つきで規定しています。

　また、会社は、法律で定められている事項のほか、新たな生産設備、作業方法などの導入に伴って生ずる危険有害要因を含め、不安全状態、不安全行動の排除に必要な対策を確実に実施

する義務があります。

なお、労働者は、会社の実施事項は自らの労働災害を防止するためであることをよく理解し、会社の施策に積極的に協力していくことが必要です。

(1) 変わらぬ安全第一

1906年に、アメリカの製鉄会社（U.S. スチール）のゲーリー会長（Elbert Henry Gary 1846～1927）は、労働災害が多発していることから、それまでの経営方針の順番を逆にして「安全第一」、「品質第二」、「生産第三」に変更し徹底しました。すると、災害の減少はもちろんのこと、製品の品質も大幅に改善され、生産性も年々向上したのです。このことから「安全第一」のスローガン†はわが国にも導入され、現在でも多くの会社で掲げられています。

また、これからの会社経営は、安全、品質、生産は同列のものとして運営することが基本であるとの考え方が国内外で主流になってきており、OSHMSの構築の場合には経営トップがそのことを文書で表明することが求められていますが、「安全第一」の考え方に変わりはありません。

なお、わが国では経営の合理化、効率化などの観点からコスト削減が厳しく行われていますが、変わらぬ「安全第一」を進めるためには、一定の安全投資が必要であることは忘れてはならないことです。

(2) 組織的に対策を推進する

職場の安全衛生活動を活性化してその水準を向上させるためには、労働者と経営者（一般に「労使」という）が協力して会社ぐるみで行うことが原則であり、その基本となるのは安全衛生管理体制の整備と、労使が定期あるいは必要に応じ随時に協議を進めることです。

① 安全衛生担当者を配置する

労働安全衛生法では、会社の安全衛生管理を組織的に進める

「安全第一」のスローガン
1900年代初め、アメリカの産業界では「Safety First」運動が提唱されていました。これに感銘を受けた古河鉱業足尾鉱業所の小田川全之（まさゆき）所長が、1912（大正元）年に「安全専一（あんぜんせんいち）」と名づけた標識板を坑内外に掲示し、鉱業所全体で安全活動を始めたのが、わが国産業界における自主的な安全運動のはじまりといわれています。

2 | 会社の実施事項

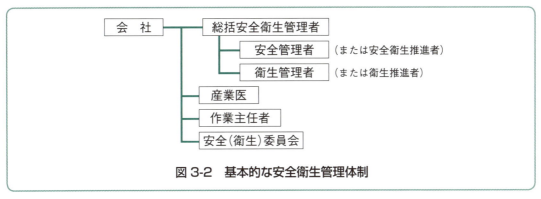

図 3-2 基本的な安全衛生管理体制

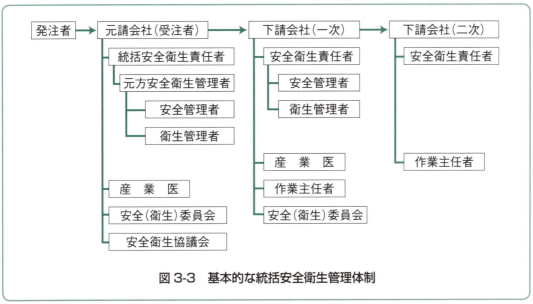

図 3-3 基本的な統括安全衛生管理体制

ため、図 3-2 のような安全衛生担当者を配置した安全衛生管理体制の整備を義務づけています。

なお、下請を多く使用して作業を行う建設業や造船業では、この体制のほかに下請を含めて安全衛生の連絡調整を行う図 3-3 のような統括安全衛生管理体制の整備が必要です。また**総括安全衛生管理者などの選任**［豆知識］の要否は、業種、労働者数によって異なり、選任する場合は一定の資格や経験が必要です。

② **安全衛生委員会で協議する**

会社の安全衛生水準の向上を図るためには、法律で選任が義務づけられている安全衛生担当者や労働者個人の問題としてではなく会社全体で取り組んでいくことが不可欠です。その場合、

安全衛生担当者の選任

労働安全衛生法で定められている総括安全衛生管理者などの職務、選任が必要な業種、規模および選任要件は、おおむね次のようになっています。

・総括安全衛生管理者

　会社の安全衛生管理を統括する者。製造業、通信業、旅館業、ゴルフ場などでは300人以上（建設業、林業、清掃業などでは100人以上）の労働者がいる会社、その他の業種では1,000人以上の労働者がいる会社。選任要件は「経営トップ（工場の場合は工場長）」。

・安全管理者

　総括安全衛生管理者の指揮を受けて、安全に関する技術的事項を担当する者。総括安全衛生管理者の選任が必要な業種（その他の業種を除く）で、50人以上の労働者がいる会社。資格は「一定の学歴、経験年数と選任時研修の修了者」。10～49人の会社では安全衛生推進者の選任（都道府県労働局長の登録を受けた者が行う講習の修了者など）が必要。

・衛生管理者

　総括安全衛生管理者の指揮を受けて、衛生に関する技術的事項を担当する者。50人以上の労働者がいるすべての会社。資格は「医師および衛生管理者免許試験合格者など」。10～49人の会社では安全衛生推進者または衛生推進者の選任（資格は「都道府県労働局長の登録を受けた者が行う講習の修了者」など）が必要。

・産業医

　労働者の健康管理などを行う医師。50人以上の労働者がいるすべての会社。資格は「必要な研修を修了した医師など」。

・統括安全衛生責任者

　建設業と造船業において、下請を含めた安全衛生管理の統括を行う者。選任要件は、建設業の場合は元請の現場所長、造船業の場合は工場長など。

・元方安全衛生管理者

　建設工事現場で統括安全衛生責任者の職務の技術的事項を担当する者。資格は「大学で理科系の課程を修めて卒業した者で、その後3年以上建設工事の施工において安全衛生の経験を有する者」など。

・安全衛生責任者

　下請各社（孫請けなどすべての下請会社）が、統括安全衛生責任者との連絡調整などを行うために選任する者。資格は特に定められていない。

第一線現場で常に潜在する危険（有害）と対面しながら作業を行っている労使が本音で協議🔰することが重要です。

労働安全衛生法では、会社で発生した災害（健康障害を含む）の分析と対策の検討、リスクアセスメントの実施やOSHMSの構築、安全衛生教育†計画の作成などに関する労使協議を行うため、経営トップ（工場長など）が委員長となる安全委員会および衛生委員会を設置🔰して少なくとも月1回は安全（衛生）に関する次の内容の協議を行うことを義務づけています。

安全衛生教育
49ページ（第3章 2-(4)）を参照してください。

○安全委員会の協議事項
- 安全対策の基本に関すること
- 災害原因および対策のうち安全に関すること

労使協議

労使協議とは、労働者側と経営者側で協議することをいい、労働安全衛生法では労使半々で構成する「安全（衛生）委員会」の設置を義務づけています。なお、労働者側の委員は、労働者の過半数が加入している労働組合がある場合はその推薦、過半数を占める労働組合がない場合は労働者の過半数を代表する者の推薦が必要です。

なお、安全（衛生）委員会は、労使交渉の場、施策決定の場ではなく、労使の意見交換の場として位置づけられています。

安全（衛生）委員会が必要な会社

・安全委員会が必要な会社
　林業、建設業、製造業のうち木材・木製品製造業、化学工業、鉄鋼業、金属製品製造業、輸送用機械器具製造業、道路貨物運送業、港湾運送業、自動車整備業、機械器具修理業、清掃業では労働者が50人以上の会社。
　上記以外の製造業、上記以外の運送業、通信業、電気業、ガス業、各種製品卸・小売業、燃料小売業、旅館業、ゴルフ場業では労働者が100人以上の会社。

・衛生委員会が必要な会社
　すべての業種で労働者が50人以上の会社。

（注）安全委員会と衛生委員会の両方が必要な会社では、合同の「安全衛生委員会」とすることもできます。

- 安全管理規程の作成に関すること
- リスクアセスメントおよびOSHMSに関すること
- 安全教育の実施に関すること
- 労働基準監督署長などから文書で命令、指示、勧告、または指導を受けた事項のうち労働者の危険防止に関すること

○衛生委員会の協議事項
- 衛生対策の基本に関すること
- 災害原因および対策のうち衛生に関すること
- 衛生管理規程の作成に関すること
- リスクアセスメントおよびOSHMSに関すること
- 衛生教育の実施に関すること
- 有害性の調査[†]および対策に関すること
- 作業環境測定[†]と対策に関すること
- 健康診断の結果および事後措置に関すること
- 労働者の健康の保持増進に関すること
- 過重労働対策に関すること
- メンタルヘルスに関すること
- 労働基準監督署長などから文書で命令、指示、勧告、指導を受けた事項のうち労働者の健康障害防止に関すること

なお、定例の安全（衛生）委員会のほか、職場単位で職場安全衛生委員会や職場懇談会などを設け、委員会とのつながりを明確にして職場の声が会社の方針や対策に反映されるように工夫することも必要です。

また、安全（衛生）委員会で審議した内容は、記録として残すとともに、その概要を掲示、書面、電子媒体などの方法ですべての労働者に知らせることが必要です。

（3）幅広い健康管理を推進する

労働災害が全体としては減少傾向にある中で、業務上疾病は増加もしくは横ばいの傾向にあり、腰痛、じん肺、有機溶剤中毒、一酸化炭素中毒、酸素欠乏症などの健康障害が毎年繰り返し発生しています。

有害性の調査
新たな化学物質を製造・輸入する会社は、その化学物質が労働者の健康に与える影響について調査を行うことを義務づけられています。また、「がん」など重度の健康障害を起こすおそれのある化学物質を製造・輸入したり、使用している会社も、この調査を行うよう国から命じられることがあります。

作業環境測定
90ページの付録のうち「作業環境測定法」を参照してください。

加えて、いわゆる生活習慣病の予備軍の増加、職業生活などで強い不安・ストレスを感じている者の増加などのほか、労働者を含む自殺者が国全体として2万人以上もいるという問題もでています。

そのため、会社は、これまでの業務上疾病中心の対策から、メンタルヘルス対策†などを含めて、より広い範囲の健康管理対策を進めていくことが求められています。

① 労働衛生の基本管理を推進する

わが国の会社における労働衛生管理は、労働衛生の3管理といわれていた「作業環境管理」、「作業管理」「健康管理」を中心に推進され効果を上げてきましたが、近年では「労働衛生管理体制の確立」、「労働衛生教育」などを含めた総合的な対策を進めることとなっています。

- 労働衛生管理体制の確立

 総括安全衛生管理者、衛生管理者（衛生推進者）、産業医、作業主任者などの責任を明確にし、権限を与えるなどの組織を確立するとともに衛生委員会などを効果的に運営します。

- 作業環境管理

 的確な作業環境の測定とその結果の適切な評価を行い、局所排気装置などの各種設備の改善や適正な整備を行います。また、設備の作業開始前及び定期の点検・検査を行います。

- 作業管理

 作業に伴う有害要因の発生防止・抑制、有害物と接する機会が少なくなるような手順や方法を定めること、保護具を使用することなどを行います。

- 健康管理

 健康診断の実施およびその結果に基づく事後措置、健康相談、メンタルヘルス対策、救急措置訓練などを行います。

- 労働衛生教育

 作業環境管理、作業管理、健康管理、救急措置などについて雇入れ時、作業内容変更時、有害業務への配置時などに教育を実施します。

> **メンタルヘルス対策**
> 46ページ（第3章2-(3)の④）を参照してください。

- リスクアセスメントの実施など

衛生管理においても重要なリスクアセスメントの実施、労働安全衛生マネジメントシステム（OSHMS）の構築と運用を行います。

② **化学物質対策などを推進する**

新しく開発された化学物質などは、産業の発展や豊かな生活に大きく貢献してきましたが、その粉じん、ガス・蒸気を長期にわたって吸入することにより「がん」に発展するものがかなりあり、黄りんマッチ†、ベンジジン†、ベータ-ナフチルアミン†、石綿†などは製造・使用が禁止されています。また、その他の化学物質でも危険・有害な性質を持つものも多く、その製造従事者、取扱者に中毒、アレルギー、「がん」などの健康障害もでているため、労働安全衛生法では、その防止のため多くの義務づけを行っています。

化学物質など有害な物による健康障害防止の方策は、おおむね次のようなことに集約されますが、この中では「局所排気装置」豆知識などの役割が重要なので、定期検査、作業開始前点検などによって、その性能を正しく維持することが必要です。

- リスクアセスメントを実施し、できるだけ有害性の低い物に変更する
- 有害なガス・蒸気が室内に拡散するのを防止するため、局所排気装置、プッシュプル型換気装置、全体換気装置などを設置し、使用する

黄りんマッチ
黄りんは、発火の危険があるほか、猛毒で皮膚に触れると火傷を生ずる性質があり、黄りんを用いて作る黄りんマッチは製造、輸入、使用が禁止されています。

ベンジジン
染料、合成ゴム硬化剤などに使用されていましたが、皮膚炎、急性膀胱炎、慢性の場合は尿路系腫瘍が発生することから製造、輸入、使用が禁止されています。

ベータ-ナフチルアミン
染料などに使用されていましたが、皮膚吸収または気道吸入により膀胱がんなどが発生することから製造、輸入、使用が禁止されています。

石綿
建物の保温・断熱・防音・電気絶縁材、自動車のクラッチ、ブレーキライニングなどに多用されてきましたが、石綿肺、中皮腫などの障害を生ずることが明らかになり、製造、輸入、使用が禁止されたほか、石綿を使用した建物の解体作業の場合の規制があります。

豆知識 局所排気装置

職場の環境を改善する方法としては、局所排気装置、プッシュプル型換気装置、全体換気装置を設置する方法があります。とくに、発生する有害なガス・蒸気などの濃度が高いときには、発生箇所に局所排気装置またはプッシュプル型換気装置を設置し効率的に排出するのが一般的です。

豆知識　呼吸用保護具

呼吸用保護具には、防じんマスク、防毒マスク、電動ファンつき呼吸用保護具、送気マスク、空気呼吸器などがあります。

なお、呼吸用保護具ではありませんが、有害物との接触による障害を防ぐための保護衣、眼障害を防ぐための保護めがね、有害光線を遮光するための遮光保護具、騒音を遮断するための防音保護具などが労働衛生保護具としてあります。

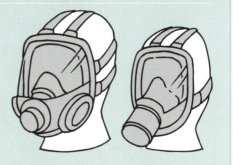
防じんマスク　　防毒マスク

- 臨時の短時間作業などの場合には、「呼吸用保護具」豆知識 を使用する
- 取扱物質の有害性について十分な知識を有する作業主任者（または作業指揮者）を配置し、作業の直接指揮、監視などを行わせる
- 関係作業者に、あらかじめ有害な物質の取扱いについての知識を付与（特別教育）する

なお化学物質については、メーカーなどがあらかじめ人体に対する危険有害性を調査してその結果をユーザーに提供すること†、危険有害なものについては容器などにいわゆる「GHSシンボル（絵表示）†」の表示（図3-4）を行うことなどが義務づけられています。

危険有害性調査結果の提供
メーカーが提供する危険有害性などの調査結果の文書を「安全データシート」（SDS: Safety Data Sheet）といいます。

GHSシンボル（絵表示）
危険有害性を分類し、ラベルに反映させるための国連勧告「化学品の分類および表示に関する世界調和システム（The Globally Harmonized System of Classification and Labelling of Chemicals）：GHS」で定められた危険有害性を表す絵表示で、わが国ではJIS Z 7253に規定されています。

（急性毒性）

（引火性ガスなど）

（発がん性）

図3-4　GHSシンボル

③ 生活習慣病予防を推進する

会社が実施する労働者の定期健康診断結果によると、「生活習慣病†」を持つ労働者が、高年齢労働者だけではなく若年労働者でも増加の傾向にあります。

また、肥満（判断基準として、腹囲が男性で85cm以上、女性で90cm以上などが用いられている）、とくに内臓に脂肪が蓄積したことによりさまざまな病気が引き起こされる「メタボリックシンドローム」（内臓脂肪症候群）に該当する者が若年層でも増加しつつあり、食習慣、運動習慣の持続、休養、禁煙、飲酒制限などに関する自助努力に加えて、会社としても相談体制の整備など適切な指導援助を行うことが必要になってきています。

④ 心身両面の健康づくり

近年、職業生活などで強い不安やストレスを感じる労働者がおよそ6割にのぼり、さらに業務による心理的負荷を原因として精神障害を発症し、自殺にいたる例も出てきています。

具体的な症状としては、無断欠勤、遅刻が多い、失敗が多い、攻撃的になるなどの外的な症状と、内的に非常に大きなストレスを作り出して自律神経失調症、心身症、うつ病†などの変調を起こす症状があります。

これらの症状の原因は、業務と関連があることが明らかになってきており、会社は労働者の個人情報保護に十分配慮しつつ、メンタルヘルスケア（豆知識）を継続的に実施していくことが必要です。労働者が自らのストレス状態を知るためのストレスチェック（豆知識）の実施も、会社に義務づけられています。

⑤ 長時間労働を改善する

労働者が、会社における業務との関連で脳・心臓疾患を発症し、死亡にいたるいわゆる「過労死」が増加傾向にあり、社会的にも問題となっています。

その原因には、長時間労働、睡眠不足、疲労の蓄積などが影響しており、会社はこれまでの労働衛生管理に加えて一般労働条件に属する時間外労働、休日労働、有給休暇などについても

生活習慣病
21ページの豆知識を参照してください。

うつ病
抑うつ気分、興味や喜びの消失のいずれかに、不眠、疲労感などの複数の症状を伴ってそれが持続する場合に「うつ病」と診断されます。原因は、社会的要素、環境的要素、職業上の心理的ストレスが影響しているといわれています。

メンタルヘルスケア

　厚生労働省より、メンタルヘルスケアに関して「セルフケア」、「ライン（会社内）によるケア」、「事業場内産業保健スタッフによるケア」、「外部専門家（事業場外資源）によるケア」を継続的、計画的に推進することの指針が示されています。また、メンタルヘルス不調を予防する観点からパワーハラスメント（管理者などが職場内での優位性を背景に、部下などに精神的、身体的苦痛を与えることなどの行為）対策の推進も必要になってきています。

ストレスチェック

　ストレスチェックとは、労働者が自分のストレスの状態を知りメンタルヘルスのセルフケアに役立てるための検査で、「うつ」などのメンタルヘルス不調を未然に防止するための仕組みです（平成27年から、年に一度の実施が会社に義務づけ）。
　この検査では、労働者が記入・提出したストレスに関する質問票を集計・分析することで、各自のストレスがどのような状態にあるかを調べます。結果は、会社には知らされず、直接労働者に渡され、高ストレス状態と判定された労働者については、会社に申し出ることにより医師による面接指導を受けることができます。会社は、医師からの報告をうけて、必要に応じ高ストレス状態是正のための就業上の措置を講じます。
　また、労働者が安心して受けられるように、個人情報の保護のための措置が厳重に定められており、人事権を持つ職員はストレスチェックの実施の事務に従事できないうえ、記入済みの調査票を閲覧することも禁じられています。また、ストレスチェックの受検の有無や面接指導の内容などを理由に労働者に不利益な取扱い（解雇や降格など）を行うことは禁止されています。
　会社は、医師などのストレスチェック実施者より、その結果を一定規模の集団（部、課、グループなど）ごとに集計・分析した資料の提供を受け、それを踏まえて職場環境の改善を行うことが望ましいとされています。

十分に管理することが必要になってきています。
　そこで「働き方改革」豆知識 をキャッチフレーズに、時間外労働時間の上限を罰則付きで定めるなどした労働基準法や労働安全衛生法などの改正が、平成31年から施行されています。
⑥　喫煙対策など環境改善を推進する
　多くの労働者は1日の3分の1を職場で過ごしていますが、その場が粉じん†、化学物質、有機溶剤などで汚染されていた

> **粉じん**
> 　研磨、粉砕、切削などの作業で固体物質が破砕されて生じた微細な粒子のことをいい、遊離珪酸を含む土石、岩石、鉱物、アスベストなどを吸入するとじん肺などになります。

豆知識 働き方改革

働き方改革とは、働く人たちがそれぞれの事情に応じた多様な働き方をできるようにするための国の施策で、長時間労働を是正しワーク・ライフ・バランスを実現するとともに、様々な就業形態で働くことができるよう、労働基準法や労働安全衛生法などを改正し、平成31年春より順次施行されています。主な施策は次のとおりです。

・**時間外労働時間の上限を罰則付きで規制**

　時間外労働の上限を、原則として月45時間・年360時間とし、臨時的な特別な事情がある場合でも、年720時間・単月100時間未満（休日労働を含む）、複数月平均80時間（休日労働を含む）が限度とされました（違反した場合、6カ月以下の懲役または30万円以下の罰金）。

・**年次有給休暇の確実な取得**

　使用者は、10日以上の年次有給休暇が付与される全ての労働者に対し、毎年5日、時季を指定して年次有給休暇を与えることが義務づけられました。

・**労働時間の客観的な把握**

　すべての働く人の労働時間を客観的に適切な方法で把握することが義務づけられました。

・**フレックスタイム制等の拡充と高度プロフェッショナル制度の導入**

　フレックスタイム制の清算期間が3カ月に延長されたほか、一定の要件を満たす労働者について労働基準法の労働時間や賃金の規定が適用除外になる「高度プロフェッショナル制度」が新設されました。

・**産業医・産業保健機能の強化と面接指導制度の拡充**

　事業者の産業医への情報提供について定められたほか、産業医からの勧告を衛生委員会に報告することなどが義務づけられました。また面接指導の対象が、休日・時間外労働100時間超の労働者から80時間超の労働者に拡大されました。

・**勤務間インターバル制度の普及促進**

　前日の終業時刻と翌日の始業時刻の間に一定時間の休息を確保する勤務間インターバル制度の導入が努力義務とされました。

　そのほか、残業の割増賃金率の引上げや、正規雇用者と非正規雇用者間の不合理な待遇差の禁止、待遇に関する説明義務の強化なども定められました。

り、温湿度や照明が不適切であると、不快であるばかりでなく生産能率の低下にもつながります。

そのため、労働安全衛生法では、作業環境の測定†とそれに基づく作業環境の改善を義務づけています。

加えて、職場環境は、より「快適」であることが求められており、会社は法律で規定している基準を上回る快適な環境への改善を計画的に行うことが必要です。

なお、喫煙が非喫煙者に及ぼす健康影響対策では、健康増進法†の改正により、一般の事務所や工場では屋内は原則禁煙とされ、所定の技術基準を満たした喫煙専用室等以外は喫煙できなくなります。喫煙専用室等への未成年者や妊婦の立入禁止も規定されました。

(4) 継続した安全衛生教育を実施する

良い製品を作るためには、良い設計、良い材料、性能の良い機械設備などを使用し、優れた技能を有する者が生産に携わることが基本ですが、その場合、優れた技能のほか安全衛生についても十分な知識を有している者であることが必要です。労働者は、安全衛生教育などは自分のためであることを認識し、教育内容の習得に努め、作業の中で活かしていくことが大切です。

① 法定の安全衛生教育

労働安全衛生法では、特に危険(有害)な作業には免許所有者または技能講習修了者の就業 豆知識 を義務づけ、また、各種の安全衛生教育の実施を会社に義務づけています。義務づけられている安全衛生教育には、次のものがあります。

- 新規採用者および作業内容を変更した者に対する教育 豆知識
（業種、規模に関係なく、すべての会社）
- 危険有害業務に従事する者に対する教育 豆知識 （特別教育という）
- 職長教育（建設業、製造業、電気・ガス業、自動車整備業、機械修理業の職長、現場監督者など）

なお、危険有害な業務のうち、免許あるいは技能講習修了が

作業環境測定
　90ページの付録のうち「作業環境測定法」を参照してください

健康増進法
　今回の改正では、多数（2人以上）の者が利用する施設のうち学校、病院、児童福祉施設など（第1種施設）は「原則敷地内禁煙」とされ、第1種施設および喫煙目的施設以外の施設（事務所、工場等。第2種施設）は「原則屋内禁煙」と定められました。前者は令和元年7月より施行され、後者は同2年4月よりの施行です。また、喫煙専用室には必要な事項を示す標識の掲示や、求人募集の際には就業場所の受動喫煙防止措置に関する事項を明示することも義務づけられます。

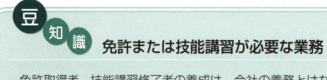
免許または技能講習が必要な業務

　免許取得者、技能講習修了者の養成は、会社の義務とはなっていませんが、該当の業務について資格者がいないと法律違反になるので、多くの会社は公益財団法人安全衛生技術試験協会の各地の試験センターでの受験を援助し、あるいは登録教習機関で必要な技能講習を受講させています。

1　免許が必要な業務（例）
　・クレーン運転（つり上げ荷重5トン以上）の業務
　・ボイラーの取扱いの業務（特級、一級、二級）　・ボイラー、圧力容器の溶接の業務
　・潜水の業務　　　　　・発破の業務　　　　　・衛生管理者（第1種、第2種）　など

2　技能講習修了が必要な業務（機械の運転などの業務）（例）
　・車両系建設機械（機体重量3トン以上）の運転の業務
　・フォークリフト（最大荷重1トン以上）の運転の業務
　・高所作業車（高さ10m以上）の運転の業務
　・つり上げ荷重が1トン以上のクレーン、移動式クレーンの玉掛けの業務　など

3　作業主任者（例）
　作業主任者とは危険・有害な作業について作業の指揮、管理を行う者のことをいいます。資格としては、免許または技能講習修了が必要です。

（免許が必要な作業主任者）
　・高圧室内作業主任者　　　　　　　　　　　　・ガス溶接作業主任者
　・ボイラー取扱い作業主任者（特級、1級、2級）　・エックス線作業主任者　など

（技能講習修了が必要な作業主任者）
　・木材加工用機械作業主任者　　　　　　　　　・プレス機械作業主任者
　・地山の掘削作業主任者　　　　　　　　　　　・土止め支保工作業主任者
　・足場の組立て等作業主任者　　　　　　　　　・はい作業主任者
　・化学設備関係第一種圧力容器取扱い作業主任者　・有機溶剤作業主任者
　・特定化学物質作業主任者　　　　　　　　　　・四アルキル鉛等作業主任者
　・酸素欠乏危険作業主任者
　・石綿作業主任者　など

　なお、とくに資格は定められていませんが、作業主任者と同様の作業指揮、管理を行わせる者を「作業指揮者」として指名することを義務づけている作業もあります。（例：車両系建設機械の修理等を行う作業、高所作業車を用いた作業および修理の作業、危険物を製造または取り扱う作業、化学設備等の改造、修理等の作業、質量が100kg以上の荷を貨車に積み卸す作業、東日本大震災関連の除染作業　など）

新規採用者教育の内容

新規採用者教育の内容は、労働安全衛生法で次のように定められています。
① 機械等、原材料等の危険性または有害性及びこれらの取扱い方法に関すること
② 安全装置、有害物抑制装置または保護具の性能及びこれらの取扱い方法に関すること
③ 作業手順に関すること
④ 作業開始時の点検に関すること
   (①〜④までの事項については、総括安全衛生管理者を選任すべき業種（40ページ参照）のうち、「その他の業種」については、省略することができる)
⑤ 当該業務に関して発生するおそれのある疾病の原因及び予防に関すること
⑥ 整理、整頓及び清潔の保持に関すること
⑦ 事故時等における応急措置及び退避に関すること
⑧ その他

なお、作業内容を変更した労働者に対しても同じ内容の教育が必要です。

特別教育の対象（例）

危険有害業務に従事する者に対する特別教育の種類（例）には、次のものがあります。
- 研削といしの取替えまたは取替え後の試運転
- 動力プレス機械の金型、シャーの刃部、安全装置、安全囲いの取付けなどの作業
- アーク溶接機を用いる金属の溶接、溶断作業
- 高圧（直流で750V、交流で600Vを超える電圧）以上の充電電路または充電電路の支持物の敷設、点検、修理などの作業
- 最大荷重1トン未満のフォークリフトの運転
- チェーンソーを用いて行う立木の伐木、かかり木の処理または造材作業
- 動力で駆動される巻き上げ機の運転　　　・電気自動車等の整備の作業
- 小型ボイラーの運転　　　　　　　　　　・つり上げ荷重5トン未満のクレーンの運転
- 高圧室内作業・酸素欠乏危険場所の作業　・特殊化学設備の取扱い、整備、修理作業
- 原子力施設の管理区域内での核燃料物質、使用済燃料または汚染されたものの取扱作業
- 東日本大震災関連の除染作業　　　　　　・足場の組立て、解体又は変更の作業
- 産業用ロボットの可動範囲内で行う教示、検査などの作業
- 特定粉じん作業　　　　　　　　　　　　・自動車のタイヤに空気を充てんする作業
- 廃棄物処理施設においてばいじん、焼却灰、燃え殻を取り扱う作業
- 作業床を設けることが困難な高さ2m以上の箇所でフルハーネス型墜落制止用器具(注：以前は「安全帯」と称していた)を用いて行う作業　など

要件となっているものについては、免許試験の段階で安全衛生の知識を問われ、あるいは技能講習の際に安全衛生に関する知識を付与されることになります。

会社における教育の方法としては、**講義方式、OJT**†（On the Job Training）、**OFF-JT**†（Off the Job Training）、**討議方式**などがありますが、教育は「共育」ともいわれており、会社は受講者が参加意識を持って活発な意見発表などを行うように工夫することが必要です。

② 能力向上教育

会社の職場環境、仕事の内容などは変化（変更）することがあるので、安全衛生教育は職業生活全般を通じて行うことが必要です。

そのため、国は、免許所有者、技能講習修了者、安全管理者などに対しておおむね5年ごとに、能力向上のための教育（いわゆる追加・再教育）を行うことを勧奨しており、一例を示すと次のような経過で教育を受けることになります。

入社・配属（新規採用者安全衛生教育）⇒特別教育⇒危険有害業務従事 ⇒（5年後）危険有害業務従事者教育（定期）⇒免許・技能講習修了⇒作業主任者として危険有害業務に従事⇒（5年後）能力向上教育⇒安全管理者選任時研修修了⇒安全管理者として選任⇒（5年後）能力向上教育

③ 労働災害再発防止講習

労働災害が発生した会社で、再発防止のために必要があると国（都道府県労働局長†）が認めたときは、次の者に対して国が指定する者（労働災害防止団体†など）の講習を受けることを指示する制度があります。

- 総括安全衛生管理者
- 安全管理者
- 衛生管理者
- 統括安全衛生責任者および元方安全衛生管理者（建設業）
- 免許または技能講習修了が義務づけられている者

OJT
新規採用者など現場の作業に熟練していない者に対して、それぞれの職場で実務的な教育を行うことをいいます。

OFF-JT
労働者などに対して職場から離れて教育訓練を実施することをいい、新規採用者教育、特別教育のうち学科部分、特定のテーマについての外部での受講などがあります。

都道府県労働局（長）
労働安全衛生法の施行などを所管する政府機関として、厚生労働省−各都道府県に労働局−約330の地域に労働基準監督署があり、国の直轄機関として斉一的な啓発、指導、監督などを行っています。

労働災害防止団体
会社が行う安全衛生対策を指導援助する事業者団体で、中央労働災害防止協会のほか、建設業・陸上貨物運送事業・港湾貨物運送事業・林業（木材製造業を含む）の業種別の労働災害防止協会（東京本部のほか、ブロックサービスセンター、都道府県支部などがある）があります。

（5）作業手順書を整備する

多くの会社では、仕事を「ムリ、ムラ、ムダ†」なく行い、かつ、安全と健康を確保するため、就業規則のほかに作業に関する「安全衛生管理規程」、機械・材料の取扱い、作業の順序などを盛り込んだ各種の「作業手順書」などを定めています。この作業手順書に、一連の作業の各段階に潜む不安全状態や不安全行動（または4M）に対応する安全衛生のポイントを付け

> **ムリ、ムラ、ムダ**
> 仕事を計画に沿って円滑、適正に進めるための要件として古くからいわれてきた言葉で、ムリ（無理）なく、ムラ（斑：物の仕上がりが一様になっていないこと）なく、ムダ（無駄）なく作業を行うことをいいます。

表3-2　クレーンによる荷の移動の作業手順書（例）

作業条件	トラックから丸鉄棒（6本束/1束1トン）を降ろして移動する		
	使用機械・器具：天井クレーン（5トン）、玉掛けワイヤーロープ2本		
	保護具：保護帽、安全靴　資格：クレーン運転免許、玉掛け技能講習修了　作業人員：2名		

単位作業	要素作業	安全の急所	理由
準備作業	クレーンを点検する	・点検表を用いて	
	玉掛けワイヤーロープ（荷に取り付けるワイヤーロープ）を点検する	・点検表を用いて ・2本が同じ径で強度も同じか	
	積荷を点検する	・荷崩れしていないか ・結束、包装は完全か	・本作業時の荷崩れを防止するため
本作業	荷の置場を決める		
	障害物を撤去する		
	りん木（荷を載せる台木）を定位置に置く		
	クレーンのフック（玉掛けワイヤーロープを掛ける釣り針状のもの）を荷の中心に移動する	・2本の玉掛けワイヤーロープの吊り角度は60度以内か ・重心がフックの真下か ・合図を確実にして	
	地切する（荷を地上から少し上げて止める）	・荷に傾きはないか	
	荷を吊り上げる	・合図を明確にして ・荷の安定を確認して	・荷崩れ防止のため
	荷を置場に移動する	・明確に合図をしながら	
	荷を置場に降ろす	・明確に合図して　・静かに ・りん木はワイヤーロープの掛け場所より外側にして	・荷崩れ防止のため
	玉掛けワイヤーロープをフックから外す		
後作業	荷がりん木の上で安定しているかを確認する		
	荷の周囲を片付ける		
	トラックの荷台を片付ける		
	トラックが出発する		

大関親著『新しい時代の安全管理のすべて』（中央労働災害防止協会）より一部改変

加えたものが、「安全作業手順書」、「安全作業マニュアル」などで、**表3-2**はその例のひとつです。

また、その作成に当たっては、法律で義務づけられている事項は必ず盛り込むとともに、ヒヤリ・ハットなどを体験している労働者の意見を反映させることが重要です。

なお、この安全作業手順書は、多くの場合、会社の通常作業について作成されていますが、トラブル処理作業、保全的作業などいわゆる「**非定常作業**†」については、あまり作成されてはいませんでした。しかし、最近では非定常作業において多くの労働災害が発生していますので、非定常作業についても安全作業手順書などを作成して関係者に徹底することが必要です。

(6) 安全な機械を設置する

工場や工事現場などでは、機械などによる労働災害の割合が依然として高い状況にあります。また、人の行動には不安定要素が多いため、まず機械などの安全化を進めることが重要です。

EU（European Union：欧州連合）では、一定の安全基準を満たしていない機械は市場に流通させないという指令を加盟国に出しています。この考え方はわが国にも取り入れられて、厚生労働省から「機械の包括的な安全基準に関する指針」として公表されています。

そのポイントは、**図3-5**に示すように、メーカーとユーザーが協力して機械の安全を確保するという組み立てになっています。

① 機械のメーカー等は、受注した機械等についてリスクアセスメントを実施し、安全な機械の製造等を行います。

　a 設計・製造段階で次の本質的安全設計**方策**†を実施。
- 触れるおそれのある箇所に鋭利な端部、角、突起物等がないようにすること
- 身体の一部がはさまれないよう隙間を狭くすること
- はさまれてもケガをしないように、駆動力を小さくすること

非定常作業
　確定的な定義はないが、目的とする製品の生産ラインを臨時に、一時的に、一定期間停止してトラブルの処理作業、保全的（点検・整備等）作業を行うことなどを言います。

方策
　厚生労働省の指針では、メーカーあるいはユーザーがリスクアセスメントに基づいてあらかじめ対策を行うことを「方策」と表現しています。

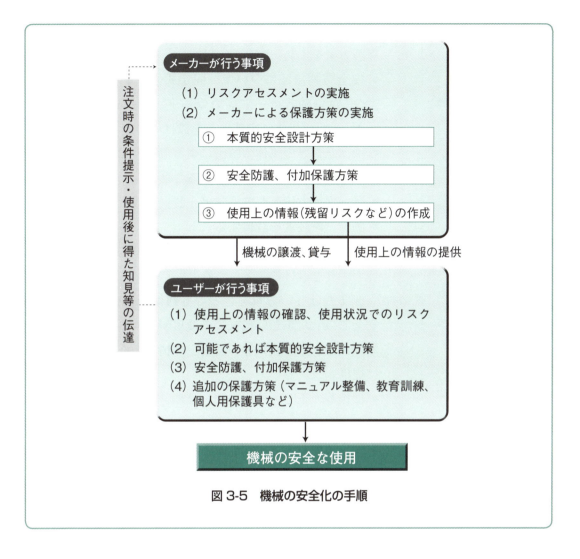

図 3-5　機械の安全化の手順

- 加工物の機械への供給、取り出し、加工等の作業を自動化または機械化すること
- 電離放射線、レーザー光線等は、機械が機能を果たす最低レベルに制限すること
- 火災爆発危険のある場所で使用する電気機械器具は防爆構造†のものとすること
- 保守点検作業は、ガードの取り外しなどをせずに行えるようにすること
- 制御システムには、信頼性の高いものを使用すること

　　　　　　　　　　　　　　　　　　　　　　　など

防爆構造
　爆発性、引火性のガス・蒸気などの雰囲気の中で使用する電気機械器具のスパーク、熱などが爆発火災の原因とならないように、電気機械器具を堅固に、あるいは油で封入することなどによって防護した構造のものをいいます。

第3章●安全衛生管理の役割分担

  b aの方策ができない場合には、次の安全防護および付加保護方策を実施。
- 安全防護領域について、固定式ガード、**インターロック**†付可動式ガード等のガード、または**光線式安全装置**†、両手操作制御装置等を設けること
- 油、空気等の流体の噴出による危害のおそれがあるときは、ホースにガードを設けること
- 付加保護方策として非常停止装置を設置すること
- 動力遮断装置を設置すること
- 高所作業で墜落危険があるときは、作業床を設け、かつ、手すりを設けること　　など

  c aまたはbの方策を行っても**残留リスク**†がある場合、安全で、かつ、正しい機械等の使用ができるようにメーカー等は次のような機械等の使用上の情報を作成し、ユーザーに提供。
- 機械等の正しい使用方法、故障、異常等への対処方法に関すること
- 安全防護および付加保護方策および残留リスクに関すること
- ユーザーが実施すべき安全防護、付加保護方策、労働者教育、個人用保護具等の保護方策に関すること
- 標識、警告表示を行うこと　　など

② 機械等のユーザーは、次のようなことを行い、機械等を安全に使用します。

  a 機械等の使用場所全体のリスクアセスメントを実施。
- メーカー等から提供された使用上の情報を確認。
- 機械に労働者が関わる作業の危険有害性を確認。
- リスクの見積りを実施。
- 適切なリスク低減が行われるかを確認し、低減策の優先順位を検討。

  b 次の順位で、ユーザーとしての保護方策を実施。
- 本質的安全設計方策のうち、加工物の搬入・搬出などの

インターロック
 誤操作防止のために、2種類以上の制御用回路や機構を関連させる機能のことをいいます。
 具体的には、安全覆いなどが開放されると機械が起動しない機構、安全装置が正常に使用されていないと機械が作動できない機構または機械が急停止する機構などがあります。

光線式安全装置
 プレス機械などに使用されているもので、投光器、受光器で構成される光のスクリーンを手や身体の一部がさえぎると機械が停止するタイプの安全装置のことをいいます。

残留リスク
 機械などのリスク（人に影響を及ぼす大きさ）を低減する方策（安全機構の組込み・安全装置の取付けなど）を行っても、なお残るリスクのことをいいます。

自動化
- 安全防護および付加保護方策（メーカー等が実施するのと同様）を実施。
- 残留リスクを労働者に伝えるための作業手順書の整備、安全衛生教育
- 個人用保護具の使用　など

　また、ユーザーは、機械等の使用に伴って得た知見等（不具合など）をメーカー等に情報として提供します。

　なお、ユーザーの経営トップは、機械等の発注または購入の段階で、機械等の安全化のために支出する費用は生産に必要な投資であることを認識して決裁することが必要です。

(7) 安全衛生点検を実施する

　安全衛生点検は、機械設備などの強度・性能、作業方法、作業環境などをチェックし、不具合部分の整備（補修）、改善を目的とするもので、労働者に安全で健康に影響のない作業を行わせるためには欠かせないものです。

　労働安全衛生法では、危険度の高いボイラー、圧力容器†、クレーン等については、国の指定した機関による一定期間（1年または2年）ごとの性能検査†を義務づけています。また会社も年次検査（特定自主検査を含む）、月例検査、作業開始前点検 豆知識 と必要な整備（補修）を自ら行わなければなりません。

　安全衛生点検は、そのほか多くの機械、装置（局所排気装置など）についても必要ですが、重要なことは検査（点検）内容に漏れがないこと、確実な整備（補修）を行うことです。

　なお、最近では、会社が行うべき検査（点検）を外部に委託するところも増えてきていますが、機械設備の所有者（発注者）は検査（点検）と整備（補修）が適正に行われているか否かを確実に把握するとともに、その結果は機械などを使用する労働者にも正確に伝えることが必要です。

　また、労働者は、作業開始前に機械などの機能点検を担当することになりますが、チェックリストなどを使用して漏れなく

圧力容器
　内部に大気圧を超える圧力の流体を保有する容器のことをいいます。容器の破裂などが生ずると、内部の高圧の液体、蒸気などが外部に噴出して爆発火災などで労働者、付近の住民などに大きな被害をもたらします。

性能検査
　性能検査の対象は、ボイラー、第一種圧力容器、クレーン、移動式クレーン、デリック、エレベーター、ゴンドラです。

点検すること、異常を発見したときには作業の開始を止め、上司に報告して指示を受けることが必要です。

そのほか、広義の安全衛生点検には、経営トップ、安全管理者、衛生管理者などによるパトロール形式のものもありますが、現場の作業者と会話を交えるなどの手法を取り入れ、作業者が感じている不安などを直接収集することが有効です。

(8) 就業形態の変化に対応する

わが国では同じ会社で定年まで働く終身雇用制度が長く続いてきましたが、近年の就業構造は多様化しており、自社の労働者だけによる仕事の仕方に代わって、仕事の一部を他の会社に

年次検査

年次検査とは、毎年1回、機械などの詳細なチェックを会社に義務づけている検査で、次のようなものが対象となっています。
- フォークリフト（圧縮圧力、弁すき間その他原動機の異常の有無、デファレンシャル、プロペラシャフトその他動力伝達装置の異常の有無、タイヤ、ホイールベアリングその他走行装置の異常の有無、かじ取り車輪の左右の回転角度、ナックル、ロッド、アームその他操縦装置の異常の有無、フォーク、マスト、チェーン、チェーンホイールその他荷役装置の異常の有無、油圧ポンプ、油圧モーター、シリンダー、安全弁その他油圧装置の異常の有無、電圧、電流その他電気系統の異常の有無、車体、ヘッドガード、バックレスト、警報装置、方向指示器、灯火装置及び計器の異常の有無）
- 動力プレス機械（検査の内容 略）　・車両系建設機械（検査の内容 略）
- クレーン（検査の内容 略）　　　　・局所排気装置等（検査の内容 略）
- 化学設備（2年に1回）（検査の内容 略）　など

特定自主検査

特定自主検査とは、会社が行うべき定期自主検査（年次検査）を、国に登録した機関（または自社の有資格者）によって実施することを義務づけている制度で、対象機械は動力プレス機械、フォークリフト、不整地運搬車、車両系建設機械、高所作業車です。

請け負わせる形態、派遣労働者を使用する形態などが多くの産業、会社に取り入れられています。そのため、会社は、これらの就業形態の変化に伴う安全衛生を含めた作業管理を的確に行うことが必要になってきています。

① 請負による作業の管理

請負形態で作業を行うことが多い建設業、造船業などの製造業では、元請†（または親会社）から業務を請け負った会社（一次下請†という）が自社の労働者を直接指揮して仕事を完成させることになりますが、さらに仕事の一部を下請させた会社の労働者などが同じ場所で混在して作業を行う場合も少なくありません。

> **元請**
> 建設などの仕事を発注者から請け負って、さらに仕事の一部または全部を下請人に発注する会社（安衛法では「元方事業者」と称している）のことをいい、一般にゼネコンと呼ばれる建設会社などが該当します。

> **下請**
> 元請から仕事の一部または全部を請け負って仕事を行う会社、あるいはその会社から仕事を請け負う会社（孫請ともいう）などのことをいいます。

月例検査

月例検査とは、毎月 1 回、機械などの主要部分のチェックを会社に義務づけている検査で、次のようなものが対象となっています。

- フォークリフト（制動装置、クラッチ及び操縦装置の異常の有無、荷役装置及び油圧装置の異常の有無、ヘッドガード及びバックレストの異常の有無）
- 動力プレス機械（検査項目 略）　・高所作業車（検査項目 略）
- ボイラー（検査項目 略）　・クレーン（検査項目 略）など

作業開始前点検

作業開始前点検とは、その日の作業開始前に主要な機能の点検を会社に義務づけているもので、次のようなものが対象となっています。

① 研削と石：作業開始前に 1 分間、取り替えたときに 3 分間以上の試運転
② 産業用ロボット：外部電線の被覆または外装の損傷の有無、マニプレータの作動の異常の有無、制動装置および非常停止装置の機能
③ クレーン：巻過防止装置、ブレーキ、クラッチおよびコントローラの機能、ランウェイの上およびトロリが横行するレールの状態、ワイヤーロープが通っている箇所の状態
④ フォークリフト：制動装置及び操縦装置の機能、荷役装置及び油圧装置の機能、車輪の異常の有無、前照灯、後照灯、方向指示器及び警報装置の機能　など

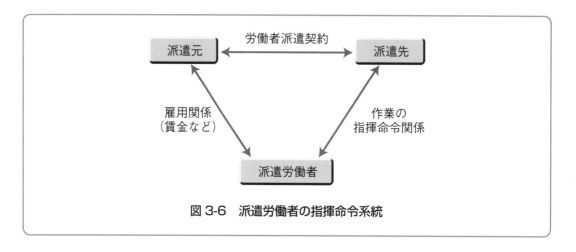

図3-6 派遣労働者の指揮命令系統

この混在作業の中で、労働災害が発生すると、自社の労働者のほか他の会社（下請、孫請など）の労働者にも被害を及ぼすことがありますので、労働安全衛生法では仕事の発注者（会社。建設工事の場合は元請など）に**安全衛生協議会**†の設置、下請を含めた作業の連絡調整などを義務づけています。

なお、それぞれの下請などは、労働者を雇用する会社として労働安全衛生法で義務づけられている事項（安全衛生責任者の選任、危険（有害）対策など）を自ら行うほか、仕事の発注者（元請など）との連絡を密にして労働災害防止に努めなければなりません。（第3章2-(2)-①関連）

② 派遣労働による作業の管理

会社のスリム化などと関連して年々増加している派遣労働者は、港湾運送業、建設業などを除き原則どの業種でも受け入れることが可能になっています。

派遣労働とは、図3-6に示すように、派遣元の会社が所属している労働者（派遣労働者）を仕事の依頼があった会社に派遣して勤務させ、派遣労働者は派遣先の会社の指示で仕事を行う形態をいいます。

派遣労働者については、一般の雇用契約による労働者とは異なり、派遣元の会社では雇入れ時の安全衛生教育、定期健康診断、**労働者死傷病報告**†の提出などを行い、派遣先の会社では有害業務従事者の**特殊健康診断**†、**就業制限業務**†関係、労働

安全衛生協議会
建設業、造船業など下請を使用して仕事を行う現場で、関係各社すべての労働者を保護するために、元請が中心になって関係各社の責任者が参加する安全衛生の協議を行う組織のことをいいます。

注意
▶**偽装請負**
業務請負の場合には、仕事を請け負った会社が自社の労働者を指揮監督して仕事を完成させることになりますが、仕事を請け負った会社の指揮監督者がその場に居らず、発注した会社（元請または親会社）の管理者などが作業にきた請負会社の労働者を指揮監督しているケースがありました。
一方、派遣労働の場合は、派遣先の会社の管理者等が派遣されてきた労働者を監督、指示することになっており、上記のような形で仕事を進めると実態は派遣労働の形ですので、いわゆる偽装請負などの問題が発生します。

者死傷病報告の提出（派遣元と派遣先の両者が提出）などの特別な取扱いがあります。

一方、派遣労働者は、派遣先の会社の機械設備を使用したり、その作業環境のなかで労働することになるので、安全と健康の確保については、原則として作業を指揮する派遣先の会社が行うことになっています。また、安全管理者、衛生管理者などの選任要件である労働者数については、派遣労働者は派遣元と派遣先の両方の会社にカウントされることになっています。

労働者は、このような働き方と法律で定まっている指揮監督権の関係をよく理解し、法に適った指揮命令関係のもとで安全、健康に仕事を行うことが大切です。

③ 非正規労働者の作業管理

近年、第三次産業を中心にパート・アルバイト、契約社員、派遣社員などの非正規労働者が就労（労働者全体の約40％）していますが、これらの人たちの安全衛生の確保は原則として一般の労働者と同様に雇用する会社の責任となります。

④ 職場の国際化と管理

わが国の少子化傾向、若者の就職先・職種の選択傾向などとの関連もあり、わが国の会社、事務所、建設工事現場などで不法入国者を含む外国人が多数働いていますが、いわゆる3K（汚い、きつい、危険）職場で働いていることも多く、労働災害で被災もしています。

外国人がわが国で働く場合には、入国管理法†によって職種、滞在期間などの規制を受けますが、会社も労働施策総合推進法†の定めるところにより雇用状況届の提出、不正就労の防止に努める必要があります。

平成31年の入国管理法等の改正で、新たな在留資格も創設されたことから、外国人労働者はいっそうの増加が予想されます。外国人労働者も原則としてわが国の労働安全衛生、労災保険法などが適用になりますが、外国人を雇用する場合には言葉による意思疎通の問題、それぞれの国の働き方についての違い（たとえば契約内容の労働しか行わないなど）もあるので、賃

労働者死傷病報告
　労働者が労働災害（中毒などを含む）で被災し、4日以上休業したときには、遅滞なく（速やかに）労働基準監督署長に災害の概要を記載した所定の「労働者死傷病報告書」を提出しなければなりません（休業が4日未満の場合には、3カ月ごと）。

特殊健康診断
　71ページの「豆知識」を参照してください。

就業制限業務
　50ページの「豆知識」を参照してください。

入国管理法（略称）
　「出入国管理及び難民認定法」。外国人が日本に在留して働くことができる条件（学生のうち許可された者、歌手・ダンサーなど興行に従事する者など）が定められています。
　この法律に反して不法就労していると犯罪として取り扱われ、また、不法滞在の外国人を雇用している会社なども不法就労助長罪に問われます。

労働施策総合推進法
　労働者の職業の安定と経済的社会的地位の向上などを目的として定められた雇用対策法を改正して、名称変更した法律で、その中には適法に働く外国人労働者の雇用管理の改善などの規定があります。

金面(一般に低賃金)だけで使用することのないようにしなければなりません。安全衛生管理についても、会社のルールを十分に説明して理解させることが重要です。

3 労働者の義務

　労働災害の防止は、これからも「人命尊重」の基本理念を大きな柱として会社が中心となって進めることに変わりはありませんが、労働者は、自らはもちろんのこと、共同で作業を行っている同僚(外国人などを含む)の安全と健康を確保するため、労働安全衛生法や会社が定めた安全衛生管理規程、安全作業手順などをよく理解し、それを確実に守って安全(衛生を含む)な作業を行う義務(「遵守義務」といいます)があります。

(1) 労働者と安全

　わが国では、優れた技能が親方から弟子に直接伝承されてきたという良き文化がありましたが、その過程で「ケガと弁当は自分持ち」といわれたと伝えられています。

　直接の意味としては、ケガをしないためには自分で注意するのが基本(自己責任)だということになりますが、その背景には優れた技能を有していてもケガをしてしまえば元も子もなくなるので、技能(生産)と安全とは一体的なものであることを教えていたと考えられます。

　わが国の優れた「ものづくり」の伝統は、さらに発展させていくことが大事ですが、労働者は災害が他人事ではないと認識し、災害発生の仕組み、不安全行動の原因、会社の安全衛生管理の内容などを正しく理解したうえで、事故・災害防止対策を実践するとともに、技術、技能と安全衛生をあわせて伝承していく必要があります。

　また、労働者は、勤務を続けていくなかでキャリアアップ[†](career up)が図られることになりますが、どの職務、どのポストにおいても安全と健康の確保が基本であることを忘れるこ

キャリアアップ
　より高い資格・能力を身につけること、経歴を高めることをいいます。

となく、配下の者を含めてその実現に努めることが必要です。

(2) 法律と労働者の義務

職場の安全衛生を確保するために、労働安全衛生法など数多くの法律・規則†がありますが、法律という言葉を聴くと最初から「むずかしいのでわからない」といって拒絶反応を示す人も少なくありません。

しかし、法律（関連規則を含む）の内容は、過去の多くの尊い犠牲を教訓として定められた最低基準としてのルールが多く、学校や企業で行う安全衛生教育などに積極的に参加してその内容を学ぶとともに、職場で確実に守っていくことが必要です。

労働災害防止の具体的事項を定めた労働安全衛生規則などでは、労働者の守るべき義務として次のようなこと（例）を定めています。

- 免許や技能講習が必要な業務（就業制限業務という）に、資格がない者が従事してはいけないこと
- 安全装置を取り外さないこと、または機能を失わせないこと
- 会社の定めた機械の運転合図に従うこと
- 切削くずが飛来するおそれがあるときには、保護具を使用すること
- 作業帽、保護帽†の使用を命じられたときは、必ず使用すること
- ボール盤など回転する刃物を使用する作業では、手袋を使用しない†こと
- 高さ、または深さが1.5m以上のところへの昇降は、昇降設備を必ず使用すること
- 高さ3m以上のところから物体を投下しないこと
- ボイラーの点火の前に、燃焼室、煙道の内部を十分に換気すること
- 有機溶剤業務で呼吸用保護具（防毒マスクなど）の使用を

労働安全衛生法などの法律・規則
90ページの付録を参照してください。

保護帽
頭部を保護するヘルメットのことをいい、落下物から保護するもの、墜落の場合に保護するもの、電気工事の場合に感電から保護するもの、オートバイで転倒したときに保護するものなどがあります。

手袋の使用禁止
ボール盤、面取り盤などの回転する刃物に作業中の労働者の手が巻き込まれるおそれのあるときは、手袋の使用が禁止されています。

命じられたときは、必ず使用すること
- 有害な粉じん環境の中で作業をするときは、呼吸用保護具（防じんマスクなど）を必ず使用すること
- 放射性物質の取扱い作業の終了後は、洗身などを行うこと
- 事務所の清潔に注意し、廃棄物を定められた場所以外のところに捨てないこと

また、近年多くの会社が取り入れている労働安全衛生マネジメントシステム（OSHMS）やリスクアセスメントについては、労働者もその意義（必要性、効果など）をよく理解し、積極的に参画していくことが求められています。[関連：第3章1-(2)]

(3) 職場の危険性、有害性を知る

労働者は、職場に配属された後に、**第2章2-(1)**で述べた職場の不安全状態、不安全行動などの具体的な姿のチェックとあわせて、次の事項についてもチェックし、自らの作業に活かしていくことが必要です。

① 職場にある危険性、有害性

職場には、環境、作業の種類、原材料などで被害を受けるおそれのある要因がかなり潜在しています。それを危険（有害）性の種類別に分類すると**表3-3**のようになります。

会社は、リスクアセスメントなどを行ってその危険（有害）レベルに応じた対策を行うことが必要ですが、法律に定められている最低の対策さえ実施していない会社、対策が不十分な会社も少なくありません。

労働者は、自分の作業についてこの分類を参考にしてチェックし、危険（有害）の概要欄に該当する事項があるときには、直ちに、あるいは職場懇談会、作業開始前の打ち合わせなどを通じて会社に申し出ることが必要です。

なお、これらの危険（有害）性の排除の責任†が、労働者の所属する会社ではなく建設業の元請や派遣先にある場合もあるので、その場合には労働者は所属する下請会社、派遣元などを通じて改善（排除）の意見などを述べることになります。

危険（有害）性の排除の責任

職場にある危険（有害）要因の排除の責任は、まず労働者を使用する会社にあります。また、労働者は、会社の指示に従う義務があります。

表3-3 危険（有害）性の分類（例）

危険(有害)の種類	危険（有害）の概要	
機械的危険	物理的危険	（金属工作機械・クレーン等・荷役運搬機械などから物が飛来・落下、墜落・転落 など）
	構造的危険	（ボイラー・圧力容器の破裂、高速機械の破壊、ワイヤーロープの切断 など）
化学的危険	爆発性の物	（過熱、衝撃、摩擦などにより多量の熱とガスが発生して爆発を起こすもの）
	発火性の物	（通常でも発火しやすく、水と接触して可燃性ガスを発生して発熱、発火するもの）
	引火性の物	（液体で、表面から出る蒸気と空気が混じったものに点火すると爆発するもの）
	酸化性の物	（単独では発火・爆発の危険はないが、可燃性のものなどに接触し、衝撃や着火源があると発火・爆発するもの）
	可燃性のガス・粉じん	（空気中または酸素中で一定の濃度になると、点火で発火・爆発するもの）
	腐食性	（皮膚などが腐食される危険のあるもの）
	劇毒物	（吸引すると死亡などに至るもの）
エネルギー危険	電気的危険	（感電、静電気、電気火花、アークによる眼障害 など）
	熱危険など	（火傷、放射線障害、レーザーによる眼障害 など）
作業的危険	作業方法的危険	（土砂・岩石崩壊、積荷の崩壊など作業方法を誤ったもの）
	場所的危険	（墜落・転落、崩壊のおそれのある場所 など）
行動危険	錯覚などによる作業者自身の行動の誤り（表2-5「不安全行動の原因」参照）	
システム的危険	自動生産システムなどの一要素が故障したり操作の誤りなどがあると、それが増幅されて大事故・災害になるもの、ソフトミス など	

（注）健康障害をもたらす有害性については、表2-2（業務上疾病者数）の疾病の内容の欄も参考にすること

② ヒヤリ・ハットは宝の山

「ヒヤリとした」、「ハッとした」事例を上司に報告すると、「本人の不注意」の一言で片付けられた時代もありましたが、このような事例は不幸にして被災した事例とともに職場に潜在する危険有害要因を把握する宝の山となっています。

すなわち、「ヒヤリ・ハット事例」の背景には、労働者の不注意が原因の不安全行動もありますが、それだけではなく使用している機械などの欠陥、会社が指示している作業方法・手順に無理がある例などが数多くあります。

とくに、このヒヤリ・ハット事例は、**安全衛生パトロール**†や定例の安全衛生委員会などでは得られない作業に関する「生の情報」ですので、会社はできるだけ多く収集してリスクアセ

安全衛生パトロール
職場の危険（有害）要因のチェックと指導を行うため、経営トップ、安全（衛生）管理者、職場の管理者などが現場を巡回、指導することをいいます。

スメント、職場の環境改善、安全衛生教育などに活用していくことが重要です。会社としてその体験を収集する活動を積極的に行っているところも少なくありません。

労働者は、自分の体験したヒヤリ・ハット事例（どこで、どんな危険（有害）に遭遇したか）をメモしておく習慣をつけ、職場で行う**ツール・ボックス・ミーティング**†、危険予知訓練（KYT）・危険予知活動（KYK）（**後記(8)参照**）、職場懇談会などでその体験を積極的に報告することが重要です。

(4) 安全装置・保護具を使用する

安全装置 は、機械などによる災害防止に不可欠なものであり、労働者は勝手に取り外すことなどは厳禁です。

また、有害な粉じんやガス・蒸気などがある場所で義務づけられている防じんマスクなどの呼吸用保護具も健康障害を防止するために不可欠なものであり、労働者は確実に着用しなければなりません。

① 安全装置は外さない

生産機械をはじめ日常生活で使用される自動車、家電製品などには、設計段階で多くの**安全機能**†が組み込まれるようになりました。しかし、古い機械などには、安全機能が組み込まれ

ツール・ボックス・ミーティング
道具箱（tool box）の付近に労働者が作業開始前などに集まって、職長などを中心に作業手順、安全衛生に関する注意事項などを話し合う（meeting）ことをいいます。

安全機能
労働災害などを防止するため、機械に内蔵された制御システムや安全装置のことなどをいいます。

豆知識　安全装置

安全装置とは、人が誤った行動（危険区域への立ち入りなど）をした場合には機械を自動的に停止させる機能を有する外付けの装置です。

なお、安全装置には、人の安全が確認されないと本体の機械が稼働できない「安全確認型」のものと、危険を感知すると機械が稼働できない「危険検出型」があります。また、安全装置が故障した場合でも安全を確保するために複数の装置を設ける方法などもあります。

ていないものもあります。この場合、労働安全衛生法では、使用させる前に安全装置を追加的に取り付けることを義務づけており、労働者が勝手に取り外すことや機能を失わせてしまうことは許されません。

また、安全装置も一般の機械設備などと同様に、故障、機能の低下などは避けられないので、労働者はその日の作業開始前にテストボタンなどにより正常に機能するか否かの点検を行うことが必要です。

② 検定合格品を使用する

安全装置や保護具は、その構造、性能を確保、維持することが重要であり、労働安全衛生法では構造規格（性能基準を含む）を定めているほか、登録検定機関で検定（個別検定、型式検定†）を受け、合格したもの以外の使用は禁じています。

検定が必要な安全装置、保護具などとしては、

- ゴム、ゴム化合物、合成樹脂を練るロール機の急停止装置（型式検定。ただし電気的制御方式のものは個別検定）
- 第二種・小型圧力容器（個別検定）
- 小型ボイラー（個別検定）
- プレス機械、シャーの安全装置（型式検定）
- クレーン、移動式クレーンの過負荷防止装置（型式検定）
- 防じんマスク、防毒マスク、電動ファン付き呼吸用保護具（型式検定）
- 木材加工用丸のこ盤の接触予防装置（型式検定）
- 交流アーク溶接機用自動電撃防止装置（型式検定）

個別検定と型式検定
個別検定とは1品ごとに構造、性能などを確認することをいい、型式検定とは大量に生産されるもの、または検定によって検定現品が破損するもの、性能が劣化するようなものについて、一定数のサンプルを試験することによってその性能を確認することをいいます。

構造規格が定められている機械（例）

- ボイラー・クレーンなど性能検査の対象機械
- 防爆構造電気機械器具
- 研削盤
- 木材加工用丸のこ盤
- 手押しかんな盤
- 車両系建設機械
- 合板足場板
- 墜落制止用器具（旧呼称「安全帯」）
- エックス線装置
- チェーンソー
- 潜水器　など

- 電気工事用絶縁用保護具・防具（型式検定）
- 保護帽（物体の飛来・落下または墜落による危険防止用）（型式検定）
- 防爆構造電気機械器具（型式検定）

などがあります。労働者は、作業に使用しているものが検定品か否かを品物に貼付されている検定合格標章（合格の刻印、銘板など）で確認しなければなりません。

なお、機械などの中には、検定が必要な安全装置ではないが一定の構造規格を満たしていないと使用できないもの、構造規格は定めていないが、安全確保のために一定の安全対策を行うことを求めているもの豆知識があります。

(5) 社内規程・作業手順を守る

多くの会社では、作業を安全、確実、効率的に進めるために、各種の作業に関する社内規程（安全作業手順書、安全作業マニュアル、安全作業基準、点検基準など）を定めており、労働者は当然にそれらを守る義務があります。（3章2-(5)関連）

労働者の中には、安全作業手順書どおりにやると作業がしにくいなどの理由で勝手に省略する者、自分の経験・技能が正しいと過信して手順を省略する者もいますが、手順書作成の目的

一定の安全対策が必要なもの（例）

構造規格がなく、また、検定も必要はないが、安全のために一定の措置が必要なものとして規定されているものには、次のようなものがあります。

- 回転軸、歯車、フライホイールなどに付属する止め具については埋頭型のものを使用し、または覆いを設ける
- 原動機、回転軸、歯車、プーリー、ベルトなどの危険箇所には覆い、囲い、踏切橋を設ける
- 切削くずを生ずる機械には覆いまたは囲いを設ける
- バフ盤の研磨に必要な部分以外には覆いを設ける
- 食品加工用切断機などで、必要以外の刃の部分には覆い、囲いを設ける　など

と効果を十分に理解し、会社の定めた手順書によって安全で正しい作業を行うことが必要です。

この安全作業手順書は、安全や健康が確保でき、かつ作業性がよいものを作成することがポイントであり、労働者は作成の作業に参画して経験（体験）に基づく意見を述べること、トライアル（Trial：試行）に積極的に参加することが期待されています。

また、作業性あるいは手順書に記載されている安全衛生の急所などに疑問を感じた場合には、職場の打ち合わせなどで率直な意見交換を行い、修正してもらうことも必要です。

なお、社内規程に反すると、就業規則などに定められている懲戒規定により出勤停止、減給、解雇などの処分を受けることがあります。

（6）業務上疾病対策を守る

職場には、有害物質、有害エネルギー、無理な作業姿勢などの有害要因が少なからずあり、労働者は健康障害防止のために会社が実施している対策の内容を理解し、それを確実に守って作業を行う義務があります。

なお、業務上疾病の中の約60％がいわゆる「腰痛」であり、高年齢者はもとより若年者も重量物を中腰で取り扱わないことなどに十分注意する必要があります。

① 有害性を確認する

化学物質などによる健康障害防止については、労働安全衛生法に多くの規定がありますが、有害な粉じん、ガス・蒸気などと接触し、あるいは吸入するのは労働者自身ですので、職場で使用している物質の危険有害性を自ら確認することが必要です。

確認の方法としては、化学物質の容器などについて表示が義務づけられている、「GHSシンボル（絵表示）」を確認します。また、下記の事項などを記載した「安全データシート（SDS）」（第3章2-(3)-②参照）をメーカー等が譲渡する相手に交付することや、その化学物質を使用する会社は屋内作業場所に名

> **注意**
> ▶作業手順
> 　原子力発電所の核燃料棒の原料製造工場で、会社が定めた作業手順を現場で変更してバケツを使用した作業を行ったため、臨界事故（原子炉以外で核反応が生じたときには臨界事故という）が発生して労働者が2名死亡し、また、付近の住民多数が避難するという事件に発展しました。
> 　このように、会社が定めた作業手順を、現場の作業段階で変更したために災害が発生した事例は数多くあります。

第3章 ●安全衛生管理の役割分担

▶ SDS（Safety Data Sheet）
　化学物質の中には毒性等の情報が不十分なものもあるので、SDSを過信することがないよう注意が必要です。

称などを掲示することが義務づけられているので、労働者はその表示の有無および内容を確認し、取り扱い上の注意事項などを守ることが必要です。なお、これらの表示がない場合は上司に確認することも必要です。

- 名称
- 成分および含有量
- 物理的及び化学的性質
- 人体に及ぼす影響
- 貯蔵または取扱い上の注意
- 流失、事故が発生した場合の応急の処置

なお、有害物質と人体とのかかわりは、おおむね次のようになっています。

- 物質の状態としては、気体（塩素、一酸化炭素など）、液体（有機溶剤など）、固体（鉛、カドミウムなど）
- 人体に入る経路としては、経気道ばく露（鼻）、経口ばく露（口）、経皮ばく露（皮膚）
- 症状としては、急性中毒、慢性中毒、発がん、アレルギーなどの健康障害

② 局所排気装置・呼吸用保護具を使用する

　業務上疾病を防ぐためには、労働者の健康に有害な物は使用しないことが最も望ましいといえます。しかし、現実には使用せざるを得ない場合もあるので、次善の策として有害なものを使用している職場環境を改善することが必要になります。

　そのための対策としては、職場全体を換気する全体換気装置もありますが、それよりも有害物を発散する場所に局所排気装置やプッシュプル型換気装置†を設置して労働者が有害物にばく露（吸入など）されることを確実に防止することが有効です。

　そのため、労働安全衛生法では、各種の有害物質を取り扱う作業場所にばく露を防止するため局所排気装置などを設置し、その性能を維持することを義務づけており、労働者はその装置を必ず稼働させて作業を行うことが必要です。

　また、臨時の短時間の作業などについては、有害物質の吸入

プッシュプル型換気装置
　吹出し側フードから気流を吹き出し、吸込み側フードより吸引することで、有害な蒸気等を一定方向の気流にのせ、周辺への飛散・拡散を抑制する換気装置をいいます。

による健康障害、急性中毒を防止するために呼吸用保護具の使用を義務づけており、労働者はこれらの保護具を確実に使用する義務があります。

なお、呼吸用保護具として代表的なものは「防毒マスク」と「防じんマスク」ですが、ガス・蒸気の雰囲気のなかで防毒マスクではなく防じんマスクを使用していることや、「使い捨て式防じんマスク†」を反復使用していることがあるので、誤った使用を行わないことが大切です。

③ 必ず健康診断を受ける

健康診断は、労働者の健康に異常の兆候があるか否かを確認するもので、労働安全衛生法では毎年1回定期に一般的な健康診断（定期健康診断という）を行うほか、有害な業務に従事している労働者に対する特殊健康診断 などを行うことを会社に義務づけています。

使い捨て式防じんマスク
防じんマスクの一種で、軽量で吸気のときの抵抗が小さいという利点があるが、使用の際に顔面と面体とを密着させること、何度も使用しないことなどの注意が必要です。

豆知識　特殊健康診断

特殊健康診断には、次のようなものがあります。
- じん肺健康診断・高気圧作業健康診断　・電離放射線健康診断・特定化学物質健康診断
- 鉛健康診断　　　・四アルキル鉛健康診断・有機溶剤健康診断　・石綿健康診断
- 歯科特殊健康診断（酸などを取り扱う作業）など、
- 特定業務従事者（多量の高熱物体または低温物体を取り扱う業務、異常気圧下における業務、重量物の取扱いなど重激な業務、深夜業を含む業務、病原体によって汚染のおそれが著しい業務 など）の健康診断　など

なお、行政指導で行うものとしては、次のようなものがあります。
- 赤外線・紫外線、騒音、亜硫酸ガス、地下駐車場、チェーンソーその他の振動工具、情報機器作業、レーザー光線を取り扱う作業に従事している者　など

第3章 ● 安全衛生管理の役割分担

受診しない特別の理由がある場合
　労働者の定期健康診断、特殊健康診断などは会社の義務ですが、会社の指定した医師（または歯科医師）の行う健康診断を希望しない場合には受診しないことができます。ただし、他の医師（または歯科医師）で健康診断を受け、その結果を会社に提出することが必要です。

グレア
　グレア（Glare）とは、「ぎらぎらする光」という意味で、視野の中の一部に極端に明るい部分があると、見ようとする対象が見えにくくなる現象をいいます。PCを使用するときにはグレアを防ぐため、ディスプレイの位置、前後の傾き、左右の向き、照明の種類などを考慮することが必要です。

　労働者は、これらの健康診断を必ず受診することが原則ですが、受診しない特別の理由がある場合†には会社に申し出なければなりません。

　なお、有害環境や有害物質を取り扱う作業などで身体に異常を感じたときには、直ちに会社に申し出て医師の診断などを受けることが業務上疾病の未然防止のために必要です。

　また、PC（Personal Computer：パソコン）やタブレットなどの情報機器を使用する作業が、オフィスのみならず生産現場の事務所・コントロールルームなどでも常態化してきていますが、この情報機器作業においては、眼疲労、上肢・頸肩腕および腰背部などの筋骨格系の症状、ストレス症状が出ることがあります。労働者は情報機器健診を受けること、会社が行う健康相談を活用すること、職場体操を行うことなどが必要です。

　情報機器作業で配慮すべき事項は、照明（明暗の対照が著しくないこと、キーボード上の照度が300ルクス以上など）、グレア†防止、騒音の低減、空気調和などの作業環境管理、1日の作業時間・連続作業時間の制限、適当な高さの作業台の設置などの作業管理、および適切な健康管理で、これらの内容については厚生労働省がガイドラインを公表しています。

(7) 4Sは安全のはじまり

　安全は、「4Sに始まり4Sに終わる」といわれるほど安全（衛

生を含む）確保の基本として古くから重視され、今でもほとんどの会社の職場安全衛生活動として「4S」運動が取り入れられています。

4Sとは、整理（Seiri）、整頓（Seiton）、清掃（Seisou）、清潔（Seiketsu）の頭文字をとったもので、いまや4Sのままで外国にも通じるまでになっています。

会社によっては、これに躾（Shitsuke）、先取り（Sakidori）、習慣化（Shukanka）などを加えて「5S」あるいは「6S」として運動を展開しているところもあります。

なお、この4Sは、整理などに関する一般的な用語として使われるのではなく、次のようにそれぞれに意味があるので、よく理解して職場の日常活動で実践することが必要です。

すなわち、

- 「整理」とは、作業に必要なものと不要なものを分類し、不要なものは一定の箇所に集めて廃棄するか、必要になるまで保管しておくことをいう
- 「整頓」とは、物の置き方の秩序を保ちながら、再使用に便利なように所定の場所に保管することをいい、取り出す頻度が高いものなどは手前に置くなどの配慮を行う
- 「清掃」とは、単なる掃除ではなく、整理、整頓の仕上げの役目を担っており、整理、整頓が悪いのに掃除だけをしても清掃したとはいわない
- 「清潔」とは、生産過程で出る油、水、粉じん、ガスなどによる汚染を防止し、職場を美しく保持することをいう

という意味があり、職場の4Sの状態を見ると、その会社の安全衛生水準の想定がつくといわれるほど安全衛生の基本としての位置づけがなされています。

(8) 指差し呼称とKYT

わが国の労働災害が着実に減少してきた背景には、職場を中心とした**ボトムアップ型**†の安全衛生活動があります。その代表的なものは「指差し呼称」で、特別の費用も要しないことか

ボトムアップ型
35ページの「豆知識」を参照してください。

第3章 ●安全衛生管理の役割分担

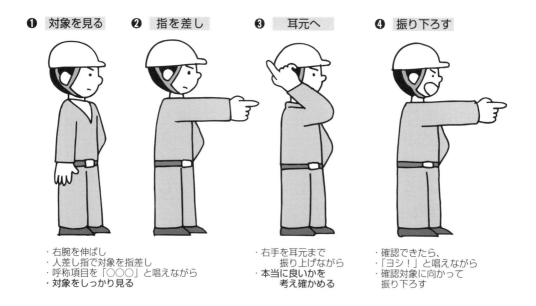

❶ 対象を見る
・右腕を伸ばし
・人差し指で対象を指差し
・呼称項目を「○○○」と唱えながら
・**対象をしっかり見る**

❷ 指を差し

❸ 耳元へ
・右手を耳元まで振り上げながら
・**本当に良いかを考え確かめる**

❹ 振り下ろす
・確認できたら、
・「ヨシ！」と唱えながら
・確認対象に向かって振り下ろす

ら現在でも多くの会社で導入されています。

① 指差し呼称を行う

駅のプラットホームの駅員、電車の運転士、車掌など鉄道をはじめ、工場、建設工事現場、荷物の積み下ろし作業現場などで日常的に見られる「指差し呼称」は、わが国で古くから行われてきた職場の安全活動です。これは、とくに人の不安全行動の防止に効果があるといわれています。

すなわち、指差し呼称は、

- 対象物に向けて「指を差す」ことによって、自分と対象物を接近させることになるので、単に目で対象物を確認するよりも認知度（安全の確認）が高くなる
- 指差しと併せて、大きな声で「○○○ ヨシ！」と呼称することで、目、全身の運動機能、発声による筋肉運動、聴覚が対象物の確認に参加するので認知度が高くなる
- 筋肉運動による刺激で大脳の活性レベルが高まり、人の意識に強く印象づけられるので誤りが少なくなる

などの効果があります。

とくに、人間の大脳の働きは、1日のうちでさまざまに変化しており、脳細胞が最も活発に活動していて注意力が最大の状

態（β波という）は20～30分程度の持続しかできないといわれているので、指差し呼称を重要なポイントで挿入することは行動の誤りを少なくするために有効です。声を出して呼称をしたところ、何もしないときに比較して誤りが6分の1になったという鉄道会社の報告もあります。

このように、指差し呼称は、大きな声を出すことにポイントがあり、初めは恥ずかしさもあって発声しにくいものの、職場グループ全員での訓練、家庭での点検時の発声などによって慣れてきて大きく発声できるようになります。

② KYTなどを行う

多くの会社では、指差し呼称のほか、職場の小単位で「危険予知訓練」（KYT：Kiken Yochi Training）や「危険予知活動」（KYK：Kiken Yochi Katsudou）といったゼロ災運動†の活動手法を実施し、それぞれに効果を上げてきています。

例えば、KYTは、作業開始前にその日の作業について、現場でイラストなどを見ながら、みんなで

- 職場、作業のどこに危険（有害）があるか
- 危険（有害）のポイントは何か
- あなたならどうする
- みんなで、こうしよう（目標設定）

と話し合ったうえで作業に取りかかるので、危険（有害）に対する感受性†が高まり、集中力、解決意欲が向上します。

ゼロ災運動
中央労働災害防止協会が1973（昭和48）年に提唱したゼロ災害・ゼロ疾病を究極の目的とする「ゼロ災害全員参加運動」の略称で、多くの会社に導入されています。

危険感受性
外からの危険（有害）に敏感に反応することができる心の動きのことをいいます。なお、それを高めるためには、関連知識の習得や経験が必要です。

(9) 緊急時の対応を確認する

職場において事故・災害が発生した場合には、迅速適切な対応を行い、人の被害および物の被害を最小限に抑えることが必要です。そのためには、会社は計画的に退避訓練などを行い、労働者はそれに参加して体感し、万一の場合にあわてずに適切な行動をとることが大切です。

① 連絡体制を確認する

労働災害は、通常の就業時間帯（9時～18時など）で多く発生していますが、24時間体制での生産活動の増加、時間外・休日における機械設備の修理・改造作業の実施などのほか、地震・台風などの自然災害は時間を選ばないことから幅広い時間帯で発生しています。そのため、休日、時間外の緊急連絡網を明確にし、定期的にチェックを行うことが必要です。また、消火訓練、避難訓練も計画的に行うことが必要です。

② 救急処置を体感する

事故・災害に遭遇したときには、直ちに消防署、上司などに連絡するとともに、速やかに救急処置†を行うことが必要な場合があります。

すなわち、救急車が到着するまでの間に、胸骨圧迫（心臓マッサージ）や人工呼吸などの救急処置を行うことによって一命が救われることも少なくないので、会社は計画的に救急訓練を行い、労働者はそれに積極的に参加し体感することが必要です。

なお、電気的なショックを与えて心臓の動きを回復させる自動体外式除細動器（AED：Automated External Defibrillator）は、一般の人も操作できるので、これについて訓練を受けることも望まれます。

③ 二次災害を防ぐ

作業中に同僚が災害で倒れたときに、本能的に救助のため危険（有害）な場所に飛び込む例が少なからずあります。

とくに、酸素欠乏・硫化水素中毒、感電、有機溶剤などへの引火・爆発、土砂崩壊などの場合には、二次災害で救助者も同様の被害を受け死亡する事例が後を絶たないので、救助に入る

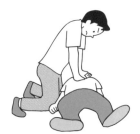

救急処置
傷病者を救助し、医師または救急隊員に引き継ぐまでの救命処置（心臓マッサージなど）および応急手当をいいます。なお、厚生労働大臣の免許を受けた「救急救命士」は、薬剤を用いた静脈路確保のための点滴、器具による気道確保、薬剤の投与ができます。

自動体外式除細動器（AED）

ときには周囲の環境などを見て判断すること、上司に指示をあおぐこと、必要な保護具を使用することなどが必要です。

また、災害のおそれが予測されている場所（酸欠の場合は地層・地質など）での作業では、あらかじめ必要な呼吸用保護具などを用意しておくとともに、正しい装着の訓練を受けておくことが必要です。

演習問題 3

次の設問のうち、正しいものに○、誤っているものに×を付けなさい。

1. 労働安全衛生マネジメントシステム（OSHMS）は、P（Plan）⇒D（Do）⇒C（Check）の手順で会社の安全衛生水準を向上させるシステムである。
2. 50人以上の労働者がいる会社では、すべての業種で衛生管理者を選任する義務がある。
3. 能力向上教育は、安全衛生に関する新入社員教育、危険有害業務従事者に対する特別教育と同様に罰則つきで会社に実施が義務づけられている。
4. 機械の包括的安全基準指針とは、機械の使用時の安全確保を図るため、メーカーとユーザーが共同して安全対策を行う手順などを示したものである。
5. 派遣労働とは、雇用している労働者を契約先の会社に派遣して、その会社の指揮監督のもとに作業を行わせる形態のことをいう。

（解答は88ページ）

演習問題 4

次の設問のうち、正しいものに○、誤っているものに×を付けなさい。

1. 作業性が悪いので、労働者の判断で安全装置を取り外して作業を行い、災害が発生した場合に法律の罰則の適用を受けるのは会社である。
2. 有害なガス・蒸気がある環境の中で作業を行うときには、必ず防じんマスクを着用しなければならない。
3. 交流アーク溶接作業を行うときに使用する自動電撃防止装置は、構造規格に適合しているものであれば使用してもよい。
4. 4Sのうち「整理」とは、作業に必要なものと不要なものを分類し、不要なものは一定の箇所に集めて廃棄するか、必要になるまで保管することをいう。
5. 「指差し呼称」は、指差しと大きな発声をすることがセットになっており、それによって誤りの率が減少する効果がある。

（解答は89ページ）

第4章 日常生活で安全を習慣化する

この章のねらい

職場での安全・安心実現のためには、家庭生活、社会生活のなかで安全点検を実施したり、安全行動の習慣化に努める必要があることを理解します。

1 急に安全人間にはなれない

　日常生活で危険と背中合わせで行動していることも少なくありません。安全を意識しないで行動している人が、会社（職場）に入って急に安全人間に変身することは困難であり、ふだんの生活の中でも危険回避の行動を習慣化しておくことが大切です。

(1) 家庭でも安全衛生を話題にする

　安全で健康な生活を過ごすために必要な基本教育については、文部科学省の学校教育カリキュラム（**表4-1**）で定められているので、ほとんどの人は一定の座学（保健体育の授業など）と交通安全などに関しての実践経験があるはずです。
　しかし、その知識などが記憶から消えていること、ふだんの生活の中で活かされていないことが多いので、これまでに学んできたことを振り返り、また、事故・災害などが報道された機会に家庭や学校、社会生活の中で話題にすることが望まれます。

(2) 車の安全運転を徹底する

　交通災害と労働災害の防止は国民的な課題ですが、会社の仕事として自動車の運転を行うほか、通勤に自家用車を使用する人も多く、出退勤時の交通災害も少なくありません。
　通勤時の交通災害を分析した結果によると、その多くは自動

表 4-1　教育指導要領による安全教育の要点（抜粋）

区分	指導要領のポイント
幼稚園	・危険な場所や事物がわかるようにする。交通安全の習慣を身につけさせる。 ・災害時に適切な行動が取れるよう訓練を行う。
小学校	・生涯を通じて健康・安全な生活を送るための基礎を養う。 ・心身の健全な発達や健康の保持増進などについて関心を高める。
中学校	・生涯を通じて自らの健康を適切に管理し、改善していく資質や能力を育てる。 ・自然災害や交通事故による傷害は、人的要因や環境要因などがかかわって発生することを理解させる。 ・応急手当によって傷害の悪化を防止できることを教える。
高校	・個人および社会生活における健康・安全について理解を深める。 ・職業病や労働災害の防止は、作業形態や作業環境の変化を踏まえた健康管理、安全管理が必要であることを教える。
ものづくり教育	・ものづくり教育・学習において行う安全教育では、組織と個人が「安全」を第一にする「安全文化の創造」の気風や気質を育てていく。

大関親著『新しい時代の安全管理のすべて』（中央労働災害防止協会）より

車に関係したもので、年齢は20歳〜24歳がもっとも多く、法令違反が多い傾向にあります。

その中で、車の運転者については、安全不確認、わき見運転、一時不停止などの法令違反が多く、歩行者については飛び出し、信号無視、横断不適が大きな割合を占めています

とくに、出社時には安全不確認、わき見運転、一時不停止が多く、急いでいる姿が現れています。また、退勤時にはわき見運転、漫然運転、歩行者妨害などが多く、緊張感が薄れた状態であることがわかります。

自動車を運転する人は、このような交通災害の特徴を承知して、通勤時はもちろんのこと、仕事として運転する場合、レジャーで運転する場合にも速度規制の遵守、携帯電話の使用禁止など交通法令を厳守することを習慣化しなければなりません。

なお、会社によっては、入社後一定期間は自動車通勤を認めていないところもあります。

注意

▶振り向きの習慣

住宅街などの狭い道を歩行中に、無灯火自転車、バイク、自動車が後方からきた気配を感じたら、振り向く習慣を身に付けることが必要です。速度違反、飲酒・酒気帯び・くわえ煙草・スマホの操作などをしながらの運転、運転が不安定な高年齢者などが目立ちます。また、振り向き行動は、引ったくりなどの犯罪抑制にもつながります。

職場でもフォークリフト、無人搬送車などが後方から接近してくることが少なくないので、振り向きの習慣は身につけたいことです。

また、歩行者は、交差点では信号を自分で確認し、渡り始める前に左右を指差して、黄信号で無理して走行してくる車などの有無を確認することも習慣化したい行動です。指差し確認は、工場構内の通行などでも実施されています。

表4-2　家庭での点検事項（例）

区分	点検事項
ガス・換気関係	・ガスの臭いがしないか ・ガスコンロ、瞬間湯沸器、スプレーなどの使用時に換気扇を回しているか ・使用後、寝る前、外出時にガスの元栓を締めているか ・ガス器具の点火スイッチを切ったときに、スイッチが途中で止まることはないか ・ガス器具の点火スイッチ、燃焼部分に子供が触れるおそれはないか ・ガス漏れ警報器、緊急しゃ断装置はあるか
電気関係	・コード、コンセント、プラグが熱くはないか ・コードが折れ曲がっているところ、からみ合っているところはないか ・コードの芯線が見えているところはないか ・電気機器はアース（接地）しているか ・漏電しゃ断器は作動することがあるか、たびたび作動していないか ・コンセント、テーブルタップに埃（ほこり）が溜まっていないか ・差込プラグが緩んでガタついていないか ・たこ足配線はしていないか ・テレビの背面などに埃が付着していないか ・非常用の懐中電灯、ラジオなどを用意しているか、予備の電池はあるか
階段関係	・昇るときに、つまずくことはないか ・踏面の幅は狭くないか ・踏面は滑りやすくないか、滑り止めをしているか ・駆け上り、駆け下りをしていないか ・階段に手すりは付いているか
その他	・外出、就寝前に施錠、ガスの元栓を指差し確認しているか ・地震など緊急時の非常持出品は所定のところにまとめているか

（3）家庭で安全衛生点検を行う

安全衛生管理の基本のひとつは安全衛生点検ですが、日頃から家庭の中でも表4-2に示すようなガス・電気に関する事項などについて、点検の習慣づけをしておくことが大切です。

なお、この点検事項（例）は、事務所、工場、学校の実習室などでも必要なものです。

2　研究室・実習室の安全を確認する

会社の研究室や大学の実習室の職員については、会社が労働安全衛生法に基づいて実施するのと同様に安全衛生管理を行うことが原則ですが、一般の生産現場に比較して研究員、指

注意
▶労働安全衛生法の適用
　大学の職員については原則として労働安全衛生法が適用されますが、学生は労働者の定義には入らないので同法は適用されず、また、労災保険法も適用されません。ただし、有機溶剤などを多量、ひんぱんに取り扱う学生については、特殊健康診断の対象としている大学もあります。

ガスの危険性

　都市ガスは、会社によって若干異なるものの、メタン88%、エタン5.8%、プロパン4.5%、ブタン1.7%などの成分となっており、爆発範囲（爆発が起こるガスの濃度範囲）は4.3～14.4%で、比重は0.66と空気より軽いので漏洩すると上の方に滞留します。
　一方、プロパンガスは、成分がプロパン、プロピレン、ノルマルブタン、イソブタン、ブテンの混合物で、爆発範囲はプロパンで2.1～9.5%と都市ガスより低く、比重は1.6と空気より重いので漏れると下の方に滞留します。そして、両者とも家電機器の電気スパークやタバコなどの着火源があると爆発します。

電気の危険性

　家庭で使用されている電気機器は100Vのもの（エアコンなどでは200Vのものも増えてきている）が多く、この低電圧でも手足が濡れていると、感電して心室細動が生じ死に至ることがあります。電圧が高くなると危険性はさらに高くなります。
　感電を防止するためには、濡れた手で電気器具に触れないこと、電気機器の接地（アース）を確実に行うこと、漏電しゃ断器を取り付けることなどが必要です。

導教員、学生の危険（有害）意識は高いとはいえず、化学実験などで爆発により被災した例〈豆知識〉なども少なからずあります。

　とくに、学生については、就職後に会社の仕事に役立つような技術、技能を習得することは当然のことですが、職場で安全、快適に働くための安全衛生対策の基本を実習時などに身につけることが必要です。

　なお、学校において最も多い災害は、体育、競技中のものであり、これについても準備運動の励行、身体の具合の確認など健康のチェックを徹底する必要があります。

① レイアウトを検討する

　会社の研究室、大学の実習室では、室の広さが変わらないのに新しい機械が配置されることによって機械と機械との間隔が狭くなったり、通路が確保されていないこともあります。

　工場が新たな機械を導入するときには、レイアウトの検討を

豆知識 実験室などにおける爆発・火災（例）

実験室などにおいては、つぎのような災害例があります。
1. 大学の実験室において学生がプラズマ装置で実験中、同装置にガスを供給するモノシラン容器で爆発が生じて容器が破裂し2名が死亡、5名が負傷した。なお、モノシランガスは、半導体製造に使用される代表的なガスで、複数の半導体工場で火災が発生している。
2. 大学の研究室で、学生が実験器具の洗浄剤をつくるため、カリウムの固体に濃硫酸を混合しているときに爆発し負傷した。
3. 大学の低温実験室で、液化窒素を吸入して低酸素血症により学生2名が死亡した。

その他、レーザーや放射線による傷害もでています。

行うことが原則であり、研究室、実習室においても新しい機械の導入時などに全体のレイアウトを検討し、研究・実験、実習の際に研究員、学生に危険や健康障害が及ばないことを確認する必要があります。

また、不要になった機械などは、その場所に放置せず、速やかに撤去することも必要です。

② 機械の点検結果を確認する

研究、実習における安全を確保するためには、危険な機械への安全装置などの取付け、機械の定期検査とその日の使用開始前の点検は欠かせません。

そのため、機械ごとに定期検査の記録簿（表）と実験・実習開始前の点検記録表を備えておき、チェックと整備（補修）が適正に行われていることを研究員、学生が自分で確認すること、使用中に異常（ヒヤリ・ハット事例を含む）を感じたなら作業を中止し、直ちに管理部門へ連絡しなければなりません。

また、それぞれの機械の取扱説明書は、機械のところに備え付けておき、使用する者が危険（有害）防止に関する記載事項を自ら確認することを習慣づけます。

③ 爆発・火災などを防止する

　研究室、実験室などでは、爆発物、引火性物質、可燃性物質、自然発火性物質†、禁水性物質†、混触危険性物質†、毒性の強いものなどを試薬などとして、かなり多く使用しています。また、研究段階で危険（有害）性が不明なものが新たに合成されることもあります。

　したがって、その使用を開始する前に、取り扱う物質などの危険有害性を文献などで確認すること、リスクアセスメントを実施することが必要です。

　また、危険（有害）な物質については、地震などで倒れない堅固な容器で保管すること、混触危険のあるものは同じ場所に保管しないこと、保管庫には必ず施錠することなどを徹底しなければなりません。

　そのほか、ガスボンベの管理、たこ足配線の禁止など電気機械器具および付属品の管理、局所排気装置等の管理などを徹底することも必要です。

自然発火性物質
　空気中で自然に発熱し、それが蓄熱されて発火点に達すると燃焼にいたる物質のことをいいます。石炭粉、ゴム、油のしみこんだ布などが該当します。

禁水性物質
　水や空気中の水分と反応して危険（有害）なガスを発生する物質のことをいいます。カーバイド、金属ナトリウム、リン酸カルシウムなどが該当します。

混触危険性物質
　2種類以上を混合したときに、発熱、発火、爆発などにいたる性質の物質のことをいいます。硫酸、硝酸、ハロゲンなどの酸化性物質と有機物などの可燃性物質の混合、有機ハロゲン化物とアルカリ金属の混合などが該当します。

3 日常生活で安全行動を

　報道される事故・災害情報、日常生活で体験したヒヤリ・ハット事例などは、有効に活用していくことが重要であり、習慣化した安全行動は職場での災害防止にもつながります。
　次のことは、日常生活の安全行動として習慣化したい例です。
① 出勤などは余裕を持って
　朝の出勤時に駅に向かって、あるいは駅の階段をハイヒールで常に駆けていく人をよく見かけます。ハイヒールは、ヒールの高さにもよりますが足元が不安定な履物であり、転倒により「ねんざ」したり、頭部から落下して大きなケガを負うおそれがあります。これは事務所の階段の昇降などでも同様です。
　また、出勤時間帯に人身事故などのため、電車が20分程度遅れるケースも珍しくない状況になってきていますので、目的地の到着時間に30分程度の余裕を持って行動を開始することが望まれます。時間に余裕を持つことは職場の安全行動の基本でもあります。

② 駅のホームで

　電車の発車寸前に飛び込んでドアにはさまれ、引きずられて負傷する例などが増えています。無理な乗車は絶対に避けることと、ドアは閉じた形でも隙間（クッション部分）があるため、手指がはさまれたままで発車する場合があることを知っておく必要があります。

　また、電車が接近してきているときに、プラットホームのイエローラインの外側を歩くこと、電車がとまる前に乗り込むドアに近づくことも危険な行為です。

　ホームの一番前で電車を待っているときに、後ろから押されて線路に転落する例もあります。

③ エスカレーター、エレベーターで

　エスカレーターでは、ステップに靴がはさまれる、上体を乗り出して上部の保護板との間にはさまれる、急停止によって転倒（前または後に）するなどの災害が発生しています。

　エスカレーターでの駆け上り・駆け降りは避け、利用の際は表示されたステップの安全範囲に立って、手は緊急時につかむことができるようベルトに軽く添えておく習慣をつけます。

　エレベーターでは、扉が閉まりかけたときに、駆け込んでくる人のために扉を手で押さえる場面をよく見かけますが危険な

行為です。駆け込みで乗ることは絶対に避け、1台待つ余裕を持つことが大切です。

なお、エレベーターの搬器（ケージ）と乗込口の床が一致せず段差がでて停止することがあります。この場合は、ワイヤーロープが伸びているか、調整が不十分の可能性もあるので、気づいたら設備の管理者に知らせること、そのエレベーターに乗ることを避け、1台待つ勇気を持つことも必要です。

④ レジャーを楽しく

小型船に乗っての急流下り、海釣りなどで、観光客や釣り人がライフジャケット†を着用していなかったために転落して溺死する例があります。

ライフジャケットは、船の持ち主などが用意し客に着用させることが基本であり、ライフジャケットを着用させない船は避けることが賢明です。

船の定期便、航空機でもライフジャケットは準備されていますが、乗船、搭乗したときに、備え付けの有無、保管場所の確認をしておくことも必要です。

また、テーマパークなどには新しい趣向のジェットコースターなどが設置され、若者などを中心に楽しんでいますが、動きの激しい乗物などは構成材料や部品の疲労、破損、劣化などが著しくなります。

施設の管理者は、点検、整備を確実に行う必要がありますが、利用者も「点検はいつ行ったか」を点検表などで確認することが望まれます。

⑤ 熱中症に注意

夏季を中心に、屋外での作業、ゴルフ、レジャーなどで熱中症のため死亡したり、救急車で搬送される人が増えています。

熱中症は、高温多湿の環境下で直射日光を浴びるなどにより発症するもので、症状としては体温調節が乱れて病的症状を起こすもの、循環器系の失調により失神するもの、熱けいれんを起こすもの、発汗が停止し中枢神経の障害を起こすもの（熱射病）などがあります。

ライフジャケット
　水中で溺（おぼ）れることから身を守るための救命胴衣のことをいいます。

予防のためには、あらかじめ塩と水などを用意しておき、まず作業前・プレー前に摂取し、作業中、プレー中にも適宜摂取すること、体調に変化を感じたなら作業やプレーを中止することが大切です。また症状が出た人がいるときには涼しいところに移動させて胸部の衣服を開き、頭を冷やし、救急車の手配を行うことなどが必要です。

⑥ 台風後の復旧作業などの安全

多発傾向にある大型の台風、集中豪雨、地震などにより被害を受け、瓦が飛んだ屋根上でブルーシートを取り付ける作業などを行うことがありますが、これらの緊急時作業（ボランティア活動を含む）においても高所への昇降設備（梯子など）、墜落制止用器具の使用、熱中症の予防などの徹底が必要です。

演習問題 5

次の設問のうち、正しいものに〇、誤っているものに×を付けなさい。

1. ものづくり教育では、組織と個人が安全を第一にする「安全文化の創造」の気風や気質を育てることが教育カリキュラムで示されている。
2. 自動車による出勤時の事故の特徴は、わき見運転、漫然運転、歩行者妨害である。
3. 研究室、実験室で化学物質などを保管するときは、混触危険のあるものを同じ箇所に置かないこと、保管庫には必ず施錠することなどが必要である。
4. 熱中症の症状は、体温調節ができなくなる、失神する、熱けいれんが起こる、発汗が停止する、などである。
5. 都市ガスの比重は重いので、漏洩すると床に近いところに滞留する

（解答は89ページ）

演習問題 〈解答〉

• 演習問題1 •

1 × 安全と安心は意味が異なり、安全度が高くても安心できない場合がある。
2 ○ 設問のとおり
3 × 人が死亡し、またはケガすることは、一般に災害という。
4 × 刑事的な責任を問われるのは、会社（または個人経営者）、現場の責任者、労働者などで、会社（法人の場合）と経営トップに限らない。
5 ○ 設問のとおり

• 演習問題2 •

1 ○ 設問のとおり
2 ○ 設問のとおり
3 × 負傷に起因する腰痛は、職業性疾病に分類されている。
4 ○ 設問のとおり
5 × 機械の絶対安全を確保することは望ましいが、技術的な問題もあり、その時代に社会的に許容される安全レベルを確保するという考え方が国内外でなされている。

• 演習問題3 •

1 × OSHMSは、P（Plan）⇒ D（Do）⇒ C（Check）⇒ A（Act）の手順で安全衛生水準の向上を図るシステムである。
2 ○ 設問のとおり
3 × 新入社員教育および特別教育を未実施のときは、法律に基づき罰せられるが、能力向上教育は望ましい教育として国が推奨している安全衛生教育である。
4 ○ 設問のとおり
5 ○ 設問のとおり

演習問題 4

1 ×　安全装置を取り外して作業を行ったときは、会社のほか労働者も罰則の適用を受ける。
2 ×　有害なガス・蒸気に対応する呼吸用保護具は、防じんマスクではなく、防毒マスクまたは送気マスクである。なお、有害な環境の中で作業を行うときには、全体換気、局所排気装置等によって環境改善を図ることが第一であり、呼吸用保護具を使用するのは臨時の作業などである。
3 ×　交流アーク溶接機用自動電撃防止装置は、構造規格を満たすほか、型式検定に合格していなければならない。
4 ○　設問のとおり
5 ○　設問のとおり

演習問題 5

1 ○　設問のとおり
2 ×　自動車通勤による出勤時の事故の特徴は、安全不確認、わき見運転、一時不停止である。
3 ○　設問のとおり
4 ○　設問のとおり
5 ×　都市ガスは比重が空気より軽いので、部屋の上方に滞留する。逆に、比重の重いプロパンガスは床面近くに滞留する。

職場の安全衛生確保に関する主な法律などの概要

職場の安全衛生に関する法律・規則とその概要は、次のとおりです。

1 労働安全衛生法

職場における労働災害の防止、安全衛生水準の向上を図るための基本法律で、1972（昭和47）年に労働基準法の一部（第5章 安全衛生）から独立して制定されました。ただし、年少者と女性の就業制限の根拠は労働基準法の中に残っています。

(1) 労働安全衛生法施行令

労働安全衛生法における用語の定義、規制の具体的な対象（機械、作業、有害物の種類など）などを定めています。

(2) 労働安全衛生法関係手数料令

労働安全衛生法における免許・許可の手数料、検査・検定の手数料、免許試験の手数料などを定めています。

(3) 労働安全衛生規則

職場における労働災害の防止、安全衛生水準の向上を図るために必要な基本的、具体的な事項を定めています。

(4) ボイラー及び圧力容器安全規則

ボイラー及び圧力容器の安全を確保するために、製造時から使用段階までの検査等の手続き、取扱者の資格などを定めています。

(5) クレーン等安全規則

クレーン、移動式クレーン、デリック、エレベーター、建設用リフト、簡易リフトの安全を確保するために、製造時から使用段階までの検査等の手続き、取扱者の資格などを定めています。

(6) ゴンドラ安全規則

ゴンドラの安全を確保するために、製造時から使用段階までの検査等の手続き、取扱者の教育などを定めています。

(7) 有機溶剤中毒予防規則

有機溶剤による中毒［(例) シンナー（成分トルエンなど）：吸入すると頭痛、めまい等を起こし麻酔状態に陥り、意識喪失、生命危険となる］を防止するために必要な局所排気装置の設置等の設備管理、作業環境の測定、健康診断などについて定めています。

(8) 鉛中毒予防規則

鉛による中毒（急性では激烈な胃腸炎の症状を呈し、ショック死することがある。慢性では貧血、歯ぐきの変色、便秘、神経麻痺等がでる）を防止するために必要な局所排気装置の設置等の設備管理、作業環境の測定、健康診断などについて定めています。

(9) 四アルキル鉛中毒予防規則

加鉛ガソリン等の四アルキル鉛による中毒（皮膚または蒸気吸入による中毒症状は、中枢神経症状が主で、重症の場合には呼吸困難、全身けいれん、中枢神経の障害より死亡する）を防止するために汚染の除去、保護具の使用、健康診断などについて定めています。

(10) 特定化学物質障害予防規則

発がん物質である化学物質による障害［(例1) マゼンタ：膀胱がん、(例2) 臭化メチル：肺水腫］防止のための製造設備の基準、局所排気装置等の設置、漏洩防止、作業環境の測定、健康診断などについて定めています。

(11) 石綿障害予防規則

石綿による障害（石綿肺、中皮腫など）を防止するため、解体する建築物等の石綿の使用の有無の確認、作業の届出、ばく露防止のための措置などについて定めています。

(12) 高気圧作業安全衛生規則

　潜函・圧気工法、潜水業務等の高気圧下の作業による障害（高気圧下の作業により、体内の窒素ガス等の不活性ガスが肺ではなく体組織、血流の中に気泡として解離し、血流を阻害したり、神経を圧迫する）防止のために作業時間管理、特別教育などについて定めています。

(13) 電離放射線障害防止規則

　放射線（アルファ線、重陽子線及び陽子線、ベータ線及び電子線、中性子線、ガンマ線及びエックス線）による電離放射線障害（主としてガンマ線：皮膚障害、貧血、全身倦怠、皮膚がん等）を防止するため、管理区域の設定、被ばく限度の管理、汚染検査、保護具の使用、作業環境の測定、健康診断などについて定めています。

(14) 除染電離則（東日本大震災により生じた放射性物質により汚染された土壌等を除染するための業務などに係る電離放射線障害防止規則）

　東日本大震災に関連して発生した放射性物質で汚染された土壌の除染等の作業を行う労働者の放射線被ばくの低減対策として、放射線障害防止の基本原則、線量の限度及び測定、除染等業務の実施に関する措置、汚染の防止、特別教育、健康診断などについて定めています。

(15) 酸素欠乏症等防止規則

　酸素欠乏症（酸素濃度 18% が安全限界で、16% で頭痛や吐き気、12% でめまいや筋力低下、8% で失神昏倒し 7〜8 分以内に死亡、6% で瞬時に昏倒して呼吸停止し死亡）、硫化水素中毒（高濃度の硫化水素を吸入すると頭痛、めまい、歩行の乱れ、呼吸障害を起こし、ひどいときには意識不明、けいれん、呼吸麻痺を起こし死亡）を防止するため、作業環境の測定、保護具の使用、特別教育の実施などについて定めています。

(16) 粉じん障害防止規則

　粉じん（粉じん作業：鉱物を掘削する作業、鉱石または炭素原料を用いて製造・加工する作業、鋳物の製造工程における砂型こわし・砂落とし等の作業など）による障害（じん肺）を防止するために、粉じん発生源の密閉、呼吸用保護具の使用、除じん装置または局所排気装置の設置、作業環境の測定、特別教育の実施などについて定め

(17) 機械等検定規則
　保護具、安全装置等の個別検定・型式検定の基準、有効期間、期間の更新などについて定めています。

(18) 労働安全衛生法及びこれに基づく命令に係る登録及び指定に関する省令
　ボイラー・クレーン等の製造時等および性能検査機関、保護具・安全装置等の検定機関、作業主任者等の教習機関の登録要件などを定めています。

(19) 労働安全コンサルタント及び労働衛生コンサルタント規則
　労働安全コンサルタント、労働衛生コンサルタント試験の試験内容（筆記試験、口述試験）、受験資格、業としてコンサルタント業務を行う場合の登録要領などについて定めています。

(20) 事務所衛生基準規則
　事務所の気積（10m^3/人）、換気、温度、作業環境の測定、便所の数、仮眠施設、休養室、救急用具などについて定めています。

2　作業環境測定法
　有害な作業環境の定期的な測定を行う場合の測定士の資格、測定機関の登録要件について定めています。

(1) 作業環境測定法施行令
　作業環境の測定を行うべき指定事業場、測定機関登録の手数料などについて定めています。
　　（指定事業場）① 粉じんを発散する屋内作業場　② 特定化学物質のうち第1類および第2類物質を製造または取り扱う屋内作業場　③ 鉛業務を行う屋内作業場　④ 有機溶剤を製造しまたは取り扱う屋内作業場

(2) 作業環境測定法施行規則
　(1)の施行令に基づく追加の指定事業場（放射性物質を取り扱う作業場）、作業環

境測定士の試験などについて定めています。

3　じん肺法

じん肺法は、じん肺の定義、管理区分（管理一、管理二、管理三（イまたはロ）、管理四）、健康診断、管理区分の決定、申請などについて定めています。

また、じん肺法施行規則では、管理区分（二または三）のある者がじん肺と合併した疾病（合併症という）の種類（肺結核、結核性胸膜炎、続発性気管支炎、続発性気管支拡張症、続発性気胸、原発性肺がん）、検査などについて定めています。

4　労働基準法

労働基準法は、雇用契約によって働く労働者の労働条件等を定めた基本法律で、賃金、労働時間、休憩、休日、有給休暇、災害補償、就業規則などについて定めています。

安全衛生に関しては、ほとんどが労働安全衛生法に移行しましたが、業務上疾病の種類、年少者と女性の就業制限についてはこの法律に基づいて規則が定められています。

（1）労働基準法施行規則

業務上疾病の種類（本書の**表 2-2** 関係）などについて定めています。

（2）女性労働基準規則

妊産婦の就業制限業務の範囲（重量物の取扱い業務、ボイラー取扱い業務、5 トン以上のクレーン等の運転の業務、有害なガス・蒸気・粉じんを発散する場所での業務等）などについて定めています。

（3）年少者労働基準規則

満 18 歳未満の年少者の就業制限業務の範囲（妊産婦とほぼ同様の業務）などについて定めています。

（4）その他

事業附属寄宿舎規程、建設業附属寄宿舎規程があります。

5　労働者派遣法（労働者派遣事業の適正な運営の確保及び派遣労働者の保護等に関する法律）

　派遣労働者の就業条件について規定している法律で、安全衛生に関する内容はほとんどが労働安全衛生法、労働基準法などを引用しています。

6　労災保険法（労働者災害補償保険法）

　労働災害により被災した労働者、通勤災害により被災した労働者に対する補償の内容などを定めた法律です。

索　引

数字・英字

- 1：29：300 の法則 ……29
- 4S ……72, 73
- 4つのM法 ……28, 29
- 5S・6S ……73
- AED ……76
- AI ……29
- β波 ……75
- CSR ……14
- EU ……54
- GHS シンボル ……45
- ISO14000 ……36
- ISO9000 ……36
- IT ……29
- KYK ……75
- KYT ……73, 75
- OFF-JT ……52
- OJT ……52
- OSHMS ……35, 36
- Safety First ……38
- SDS ……45, 69, 70

あ・ア

- 圧力容器 ……57
- 安心 ……12
- 安全 ……10
- 安全委員会 ……41
- 安全委員会の協議事項 ……41
- 安全衛生委員会 ……39, 41
- 安全衛生管理 ……12
- 安全衛生管理規程 ……53
- 安全衛生管理体制 ……39
- 安全衛生教育 ……49
- 安全衛生協議会 ……60
- 安全衛生責任者 ……40
- 安全衛生担当者 ……40
- 安全衛生点検 ……57
- 安全衛生パトロール ……65
- 安全確認型 ……66
- 安全管理者 ……40
- 安全機能 ……66
- 安全教育 ……79
- 安全作業手順書 ……54, 68
- 安全作業マニュアル ……54
- 安全装置 ……32, 66
- 安全第一 ……38
- 安全データシート ……45, 69
- 安全度 ……12
- 安全度の評価 ……17
- 安全投資 ……32
- 安全配慮義務 ……16, 17
- 石綿 ……44
- 石綿障害予防規則 ……91
- インターロック ……56
- 請負 ……59
- うつ病 ……46
- 衛生委員会 ……41
- 衛生委員会の協議事項 ……42
- 衛生管理者 ……40
- 衛生管理体制 ……43
- 黄りんマッチ ……44

か・カ

- 会社 ……14
- ガスの危険性 ……81
- 型式検定 ……67
- 家庭での点検事項 ……80
- 過労死 ……46
- 管理監督の立場にある人 ……16
- 管理原因 ……28, 29
- 起因物別 ……23
- 機械設備原因 ……28, 29
- 機械等検定規則 ……93
- 機械の包括的な安全基準に関する指針 ……54
- 危機管理 ……11
- 企業の社会的責任 ……14
- 危険感受性 ……75
- 危険源 ……11
- 危険検出型 ……66
- 危険制御 ……11
- 危険（有害）情報 ……36
- 危険（有害）性の排除の責任 ……64
- 危険（有害）性の分類 ……65
- 危険予知活動 ……75
- 危険予知訓練 ……75
- 偽装請負 ……60
- 喫煙対策 ……47
- 技能講習修了が必要な業務 ……50
- キャリアアップ ……62
- 救急処置 ……76
- 強度率 ……17
- 業務上疾病 ……23, 43, 69
- 局所排気装置 ……44, 70
- 許容できる安全 ……33
- 緊急時の対応 ……76
- 禁水性物質 ……83
- グレア ……72
- クレーン等安全規則 ……90
- 刑事的な罪 ……16, 17
- 月例検査 ……57, 59
- 健康管理 ……43
- 検定合格標章 ……68
- 高気圧下の作業による障害 ……92
- 高気圧作業安全衛生規則 ……92
- 航空機の事故 ……13
- 光線式安全装置 ……56
- 構造規格 ……67
- 交通災害 ……78
- 顧客など ……13, 14
- 呼吸用保護具 ……45, 70
- 個別検定 ……67
- 雇用対策法 ……61
- 混触危険性物質 ……83
- ゴンドラ安全規則 ……91
- コンプライアンス ……14

さ・サ

- 災害 ……10
- 災害発生のしくみ ……26, 28
- 作業開始前点検 ……57, 59
- 作業環境管理 ……43
- 作業環境測定法 ……93
- 作業環境測定法施行規則 ……93
- 作業環境測定法施行令 ……93
- 作業管理 ……43
- 作業主任者 ……50
- 作業手順書 ……53
- 作業方法・環境原因 ……28, 29
- 産業医 ……40
- 酸素欠乏症 ……25, 92
- 酸素欠乏症等防止規則 ……92
- 残留リスク ……56
- 四アルキル鉛中毒予防規則 ……91
- 四アルキル鉛による中毒 ……91
- 事故 ……10
- 事故の型別 ……23, 24

索引

事故誘因	11	
自然災害	14	
自然発火性物質	83	
下請	59	
指定事業場	93	
自動体外式除細動器	76	
事務所衛生基準規則	93	
就業制限業務	60	
受診しない特別の理由がある場合	72	
遵守義務	62	
情報機器作業	72	
職長教育	49	
職場安全衛生委員会	42	
職場懇談会	42	
女性労働基準規則	94	
除染電離則	92	
書類送検	35	
新規採用者教育	51	
人災	14	
人的原因	28	
じん肺	25	
じん肺法	94	
じん肺法施行規則	94	
ストレスチェック	46, 47	
生活習慣病	20, 21, 46	
清潔	73	
清掃	73	
整頓	73	
性能検査	57	
整理	73	
絶対安全	31	
ゼロ災運動	75	
潜在的な危険	11	
総括安全衛生管理者	40	

た・タ

立入禁止区域の柵	32
立入調査	35
中皮腫	25
墜落制止用器具	51
通勤災害	15
ツール・ボックス・ミーティング	66
使い捨て式防じんマスク	71
定期健康診断	71
手袋の使用禁止	63
電気の危険性	81
電離放射線障害	92
電離放射線障害防止規則	92
統括安全衛生管理体制	39
統括安全衛生責任者	40
特殊健康診断	60, 71

特定化学物質障害予防規則	91
特定自主検査	57, 58
特別教育	49, 51
度数率	17
トップダウン型	35
都道府県労働局（長）	52

な・ナ

鉛中毒予防規則	91
鉛による中毒	91
二次災害	76
入国管理法	61
妊産婦の就業制限業務	94
熱中症	25, 86
年次検査	57, 58
年少者の就業制限業務	94
年少者労働基準規則	94
年千人率	17
能力向上教育	52

は・ハ

ハインリッヒの法則	30
爆発・火災	83
派遣労働	60
派遣労働者	60, 95
働き方改革	47, 48
パワーハラスメント	47
非正規労働者	61
非定常作業	54
人原因	28, 29
ヒヤリ・ハット事例	65
不安全行動	26, 27
不安全行動の原因	31
不安全状態	26
負傷に起因する疾病	23, 25
プッシュプル型換気装置	44, 70
物的原因	28
不慮の事故	20
ブルーシート	87
粉じん	47
粉じん作業	92
粉じん障害防止規則	92
ベータ-ナフチルアミン	44
ベンジジン	44
ボイラー及び圧力容器安全規則	90
方策	54
放射線	92
防じんマスク	45, 71
防毒マスク	45, 71
防爆構造	55
法令遵守	14

保護帽	63
ボトムアップ型	73
本質的安全設計方策	31, 32, 54

ま・マ　や・ヤ

孫請	59
ムリ、ムラ、ムダ	53
メタボリックシンドローム	46
免許が必要な業務	50
メンタルヘルスケア	46, 47
元請	59
元方安全衛生管理者	40
有害性の調査	42
有機溶剤中毒予防規則	91
有機溶剤による中毒	91
指差し呼称	73, 74
腰痛	23, 69

ら・ラ

リスクアセスメント	30, 31
リスク・コントロール	11
リスクの大きさ	11
リスク・ファイナンシング	12
リスク・マネジメント	11
硫化水素中毒	25, 92
臨界事故	69
臨検	35
レイアウト	81
労災保険	15, 16
労災保険法	95
労使協議	41
労働安全衛生規則	90
労働安全衛生法	16, 90
労働安全衛生法関係手数料令	90
労働安全衛生法施行令	90
労働安全衛生マネジメントシステム	35
労働安全コンサルタント及び労働衛生コンサルタント規則	93
労働衛生教育	43
労働基準法	94
労働基準法施行規則	94
労働災害	12
労働災害再発防止講習	52
労働災害のタイプ	23
労働災害防止対策	12
労働災害防止団体	52
労働者災害補償保険	15
労働者死傷病報告	60, 61
労働者派遣法	95
労働施策総合推進法	61

● 参 考 資 料 ●

・日本学術会議 安全・安心な世界と社会の構築特別委員会報告『安全で安心な世界と社会の構築について』平成17年　日本学術会議
・大関親著『新しい時代の安全管理のすべて（第5版）』平成23年　中央労働災害防止協会
・『安全の指標』令和元年度版　中央労働災害防止協会
・『労働衛生のしおり』令和元年度版　中央労働災害防止協会
・中央労働災害防止協会編『安全衛生用語辞典』平成17年　中央労働災害防止協会

【著者略歴】

大関　親（おおぜき　ちかし）

労働省（現厚生労働省）労働基準局安全衛生部安全課長、香川・福島・愛知労働基準局長（現労働局長）、中央労働災害防止協会（常務理事・国際安全衛生センター所長・東京安全衛生教育センター講師）、ものつくり大学・敦賀短期大学（現 敦賀市立看護大学）講師、RSTトレーナー会会長、日本安全学教育研究会（safetynow.jp）会長、ボイラ・クレーン安全協会会長、中央職業能力開発協会（JAVADA）ビジネスキャリア試験委員などを歴任。

新入社員・学生のための 入門 職場の安全衛生

平成20年 1月21日	第1版第1刷発行
平成23年 1月28日	第2版第1刷発行
平成25年 9月24日	第3版第1刷発行
令和元年12月27日	第4版第1刷発行
令和 7年 3月31日	第7刷発行

著　者　大関　親
発行者　平山　剛
発行所　中央労働災害防止協会
　　　　東京都港区芝浦3丁目17番12号
　　　　吾妻ビル9階
　　　　〒108-0023
電話　販売　03（3452）6401
　　　編集　03（3452）6209
印刷・製本　新日本印刷㈱

乱丁・落丁本はお取り替えいたします。　　　©OZEKI Chikashi 2019
ISBN 978-4-8059-1904-0　C3060
中央労働災害防止協会ホームページ　https://www.jisha.or.jp/

本書の内容は著作権法によって保護されています。
本書の全部または一部を複写（コピー）、複製、転載すること（電子媒体への加工を含む）を禁じます。